JN123203

正誤表

P.116「定量評価指標と計算式と項目別配点イメージ」

安全性・流動比率（７）の算式、および１点の列の後半は下記のとおりとなります

【誤】 → 【正】

【誤】

算　式	0	1
純資産合計額／総資本	15%未満	15%以上
負債合計額／純資産合計額	250%超	
流動資産／流動比率	100%未満	100%以上
固定資産／（固定負債＋純資産合計額）	100%超	100%以内
経常利益／売上高	マイナス	1%未満
経常利益／総資本	マイナス	1%未満
直近3年間の税引後当期利益の状況	その他	5%以上
（当期経常利益額－前期経常利益額）／前期経常利益額	5%未満	5千万円以下
純資産合計額	債務超過	1億円以上
－	1億円未満	20年超
（短期長期銀行融資残高－所要運転資金等）／（減価償却＋経常利益－法人税等）	マイナス	
（営業利益＋受取利益＋受取配当期）／（支払利息＋支払配当金）	1倍以内	
減価償却費＋営業利益		

【正】

算　式	0	1
純資産合計額／総資本	15%未満	15%以上
負債合計額／純資産合計額	250%超	
流動資産／流動負債	100%未満	100%以上
固定資産／（固定負債＋純資産合計額）	100%超	100%以内
経常利益／売上高	マイナス	1%未満
経常利益／総資本	マイナス	1%未満
直近3年間の税引後当期利益の状況	その他	
（当期経常利益額－前期経常利益額）／前期経常利益額	5%未満	5%以上
純資産合計額	債務超過	5千万円以下
－	1億円未満	1億円以上
（短期長期銀行融資残高－所要運転資金等）／（減価償却＋経常利益－法人税等）	マイナス	20年超
（営業利益＋受取利益＋受取配当期）／（支払利息＋支払配当金）	1倍以内	
減価償却費＋営業利益		

はじめに

　法人保険マーケットは大きく変化しました。

　過去、多くの法人保険パーソンは、税務メリットを強調する話法を組み立て経営者にアプローチしてきました。
　退職金話法、福利厚生プラン、名義変更プラン、損金繰延話法、・・・
　経営者も、「税金を払うのがもったいない」、「掛捨ては無駄」という意識があったので、
　「保険屋さん」にとって、税務売りの話法がぴったりはまっていたのです。
　法人保険マーケット、バラ色の時代でした。

　ところが、2019年バレンタインショック! 2020年コロナショック! 2021年ホワイトデーショック!
法人保険マーケットは一変しました。

　冬の時代、到来・・・

　はたして、本当に、法人マーケットは「冬の時代」なのでしょうか?
　言うまでもありませんが、生命保険は本来、「保障」です。
　経営者に万一があった場合でも、事業を継続させる。あるいは円満に清算させる。
　事業を守り、従業員を守り、取引先を守り、社会を守り、そして経営者の残された家族を守るものである
はずです。

　そのような保障を提供する生命保険が、たかが税のルール変更くらいで不要とされるでしょうか?
経営者に万一があっても会社を守れるものは生命保険をおいて他にはありません。
　コロナ禍により先行きが見えにくくなった令和の時代こそ、保険が必要とされる時代になったのです。

　先が見えにくいからこそ、「計画」が大事になってきます。
　計画を立てるか立てないかで、5年後10年後は大きく変わります。

　自社のあるべき姿、なりたい姿を明確にイメージし、
　現状の自社とのギャップを確認すれば、やるべきことが見えてくる。
　やるべきことを具体化し、優先順位をつけ、個々のアクションプランに締め切りをつけることが「計画」。

計画ができたら、あとは、あるべき姿を目指して実行するのみ。

道程、何があっても、あるべき姿を目指すのに、保険は守護神となってくれるでしょう。

このような話をして、経営者に勇気を与えることができるのは、保険パーソンをおいて他にはいません。

経営者の話を聞き、一緒に計画を立て、寄り添い、たとえ万一があったとしても、あるべき姿を守るのは、保険パーソンの使命なのです。

しかし、経営者とこのような話をするのは少々難しいかもしれません。

経営者にとって、保険パーソンは「保険屋さん」であって、経営の話をするのはお門違いだからです。

だから、「保険屋さん」でなく、「相談相手」として経営者のこころを開く必要があるのです。

では、どうすればいいのでしょうか?

「 財務 ≠ 税務 」

保険パーソンは、過去の勘違いをあらため、**財務を理解する**ことで経営者の相談相手になることができます。

財務とは、経営そのものだからです。

経営とは決断の連続。

経営者が下してきた決断の結果が財務に表れるのです。

財務を表す資料に「決算書」がありますが、財務を理解し、決算書が「読める」ようになると、実に様々な光景が目に浮かぶようになってきます。

経営者のクセ、性格、会社の健康状態、歩んできた歴史、、、、

同時に、疑問も浮かんでくるでしょう。

数字の増減の要因、仮説と合わない数字、ひょっとして「お化粧」してる?・・・・

このように浮かんでくる光景や疑問は、あくまでも「仮説」。自分の勝手な想像です。

間違っていても構いません。仮説を持った状態で経営者と話をするのです。

ただし、ひとつだけ、とても大事なことがあります。

話をするといっても、自分の立てた仮説を披露してはいけません。

仮説を持ちながら経営者の話にひたすら耳を傾けるのです。

傾聴。

よく聞くコトバではないでしょうか。
保険会社によっては「ファクト・ファインディング（FF：実情調査）」と呼ぶこともあります。
保険パーソンがもっとも得意とするスキルです。

「財務」の知識を身に付け、「決算書」を読むための「事前準備」をし、「仮説」をもって、
経営者の話を「傾聴」すれば、経営者は必ず「あなた」にこころを開いてくれるはず。

本書は、そんな「あなた」に役立つメッセージをお届けしたいと思います。

目　次

第3章　決算書の「見方」

第4章　決算書の「読み方」

第 5 章　決算書の「預かり方」

第6章　決算書を預かったら・・・　次の訪問へ向けて 報告の仕方 更なるレベルアップのために

第7章　セルフブランディングと見込み客発掘について

第8章　保険パーソンの決算書の読み方と保険提案の仮説の立て方

第1章

令和の時代、中小企業で
何が起きているのか?

法人保険営業のためには、まずは顧客のことをよく知らなければなりません。

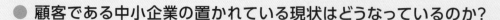

● 顧客である中小企業の置かれている現状はどうなっているのか?
● 中小企業はこれからどうなっていくのか?
● そのための課題は何か?
● 経営者の悩みは何なのか?
● どんな人材が求められるのか?

　第1章では、中小企業の現状と、政府の支援方針、激変する時代環境下に求められる人材像について見ていきます。

1 中小企業の定義

　法人保険営業について考えるときに、営業先のことを、「法人」、「会社」、「中小企業」などの表現を使うことになりますが、本書では厳密に区分して使うわけではありませんが、顧客のことをよく知っておくという意味において、まずは定義を確認しておきましょう。中小企業庁によると、中小企業基本法に基づき、業種分類ごとに、中小企業は「資本金の額または常時使用する従業員の数」によって、小規模企業者は「従業員の数」によって定義されます。整理すると以下の表のとおりとなります。

業種	中小企業		うち小規模企業者
	資本金　または　従業員		従業員
製造業その他	3億円以下	300人以下	20人以下
卸売業	1億円以下	100人以下	5人以下
サービス業	5,000万円以下	100人以下	5人以下
小売業	5,000万円以下	50人以下	5人以下

　上記にあげた中小企業の定義は、中小企業政策における基本的な政策対象の範囲を定めた「原則」であり、法律や制度によって「中小企業」として扱われている範囲が異なることがあります。本書では「小規模企業者」も含めて「中小企業」、「会社」、「法人」などと呼びますのでご留意ください。

　我が国の企業数の99.7%を占め、雇用の7割、製造業付加価値額の5割を占めると言われる中小企業ですが、こういった規模感の会社を経営する経営者をイメージしながら、その課題や悩み、夢や希望を考えていくことになります。

2 中小企業の現状と政府の方針

日本の企業数359万のうち、中小企業が占める割合は99.7％

　数にして358万もの中小企業が日本経済を下支えしているのですが、その数は年々減少傾向にあり、1999年以降約20年の間に120万以上の中小企業が減少しています。

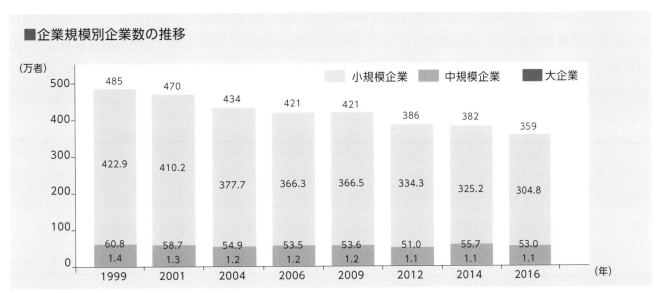

■企業規模別企業数の推移

資料：総務省「平成11年、13年、16年、18年事業所・企業統計調査」、「平成21年、26年経済センサス‐基礎調査」、総務省・経済産業省「平成24年、28年経済センサス‐活動調査」再編加工
（注）1．企業数＝会社数＋個人事業者数とする。
2．「経済センサス」では、商業・法人登記等の行政記録を活用して、事業所・企業の捕捉範囲を拡大しており、「事業所・企業統計調査」による結果と単純に比較することは適切ではない。
3．グラフの上部の数値は、企業数の合計を示している。

　その内訳を見てみると、実は「倒産」件数は減少傾向にあり、「休廃業・解散」件数が増加傾向にあります。休廃業・解散企業のうち約6割が黒字企業であることからも、その背景には経営者の高齢化や後継者不足の問題があることが分かります。

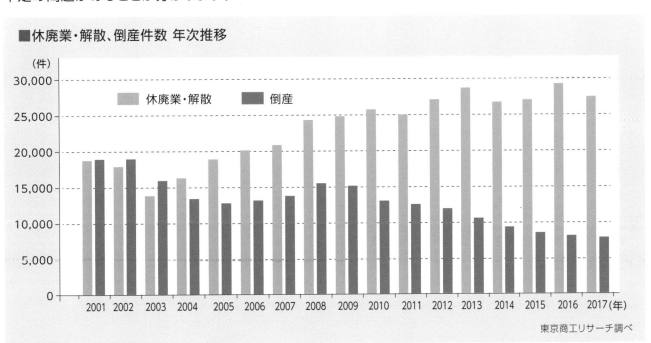

■休廃業・解散、倒産件数 年次推移

東京商工リサーチ調べ

このような中、2020年初頭から広がった新型コロナウイルスの拡大により、多くの企業がダメージを被りました。その後、業績を急回復する企業もあれば、飲食業・娯楽業・宿泊施設のように長引くコロナ禍の影響に苦しむ企業も多数あります。また業界に関わらず「K字回復」と言われるように、業績の二極化が鮮明になっているようです。特に中小企業においては、7割経済ともいわれ、コロナ前の売上規模に戻るのは難しいと言われています。

コロナショックに対して、政府の動きは迅速で、多数の緊急支援策を打ち出しました。

セーフティネット保証4号・5号、危機関連保証などの金融支援の拡大や、雇用調整助成金、持続化給付金、事業再構築補助金など、融資制度・補助金・助成金の各種支援策は資金繰り面で中小企業を支え、倒産件数も低水準のままで、一旦は功を奏したといえるでしょう。しかし、中小企業の業績の二極化は、実はコロナ以前からあり、政府の支援により、本来淘汰されるはずだった企業を延命させてしまったともいわれています。こうした企業は「ゾンビ企業」と言われます。

中小企業向け貸出残高の推移を見てみると、コロナ対策による金融支援拡大施策により、一気に貸出残高が増えていることが分かります。2020年第4四半期時点で315兆円と、1事業者あたり約9000万円もの借金を背負っているのです。また、コロナ関連融資のほとんどは2年もしくは3年の返済据置期間（最大5年）があり、その間に業績を回復させて資金繰りの安定化ができればいいのですが、据置期間が終わり元金の返済がスタートすると資金繰りが追い付かなくなる中小企業も出てくるかもしれません。そうなったら、前述した倒産件数の推移はどうなるのでしょうか。

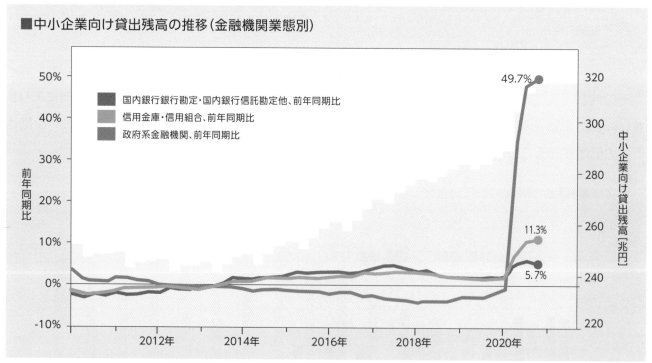

■中小企業向け貸出残高の推移（金融機関業態別）

資料：日本銀行「貸出先別貸出金」他より中小企業庁調べ
(注)中小企業向け貸出残高とは、国内銀行勘定・国内銀行信託勘定他における中小企業向け貸出残高及び信用金庫・信用組合・(株)商工組合中央金庫・
　　(株)日本政策金融公庫(中小企業事業・国民生活事業)の貸出残高の合計を指す。

　ゾンビ企業に対する支援策がいつまでも続くわけはなく、国も支援する企業を選別し始めました。先を見通すことが困難な時代において、次なるポストコロナ時代に向け、しっかりと経営課題を見極め、進むべき道を描いていくことができる企業に絞って支援していく方針に舵を切りました。つまり、中小企業を画一的に指導するのではなく、やる気と能力があって、自主的に、抜本的な経営改善および成長戦略を描ける企業のみを支援するというわけです。

　こうした政策転換の流れの中、中小企業の経営者に伴走支援できる人材の育成・拡大が急務と言われています。中小企業庁に「伴走支援の在り方」検討会があり、令和4年3月に報告書が提出されました。報告書によると、経営者との対話を通じて信頼を醸成し、経営者にとっての本質的課題の掘り下げができる人材、経営者の気づき・腹落ちを促し、自己変革・問題の解決を支援することのできる人材が求められているのです。その役割を担うのは中小企業診断士や税理士、経営コンサルタントだけではありません。まさに、聴く力を持ち、コミュニケーション能力の高い保険営業パーソンこそ求められる人材にふさわしいと思います。経営環境変化の激しい令和の時代だからこそ、聴く力をもった保険営業パーソンが経営者の相談相手となって、経営者の潜在力を引き出し、中小企業を再生し、ひいては日本経済再生の貢献ができるのではないでしょうか。

3　VUCAの時代

　経営環境の変化はこれまでも常々起こってきたことではありますが、近年特にその変化の度合いとスピードが高まっており、その変化は不可逆的です。こうした変化に中小企業も否応なく巻き込まれ、柔軟に対応していくことが求められています。こうした時代の状態のことをVUCA（ヴーカ）といいます。元々は軍事用語ですが、昨今の変化が激しく先行き不透明な社会情勢を指してビジネス界でも急速に使われるようになりました。

VUCAとは、Volatility（変動性）Uncertainty（不確実性）Complexity（複雑性）Ambiguity（曖昧性）の頭文字を取った造語です。

　「Volatility」とは、「変動性」を意味し、「これからどのような変化が起こっていくのか」が予測不可能な、変動が激しい状態のことをいいます。例として、「スマートフォン」や「SNS」の急速な普及、それに伴う「営業・マーケティング手法の変化」などが挙げられます。

　「Uncertainty」とは、「不確実性」を意味し、不確実な事柄が多く、「この先、私たちを取り巻く環境がどう変化していくのか」が分からない状態のことをいいます。例として、「地球温暖化による気候変動」、「副業解禁」や「高齢者の活躍」といった少子高齢化に伴う動き、「新型コロナウイルス感染症対策」による経済への影響などが挙げられます。

「Complexity」とは、「複雑性」を意味し、さまざまな要素・要因が複雑に絡み合っていて、単純な解決策を導き出すのが難しい状態のことをいいます。例として、「Uber」や「Airbnb」のような、事業者ではなく一般人によるシェアリングサービスや、「世界的には普及しているものの日本では浸透しきっていないキャッシュレス化」などが挙げられます。

「Ambiguity」とは、「曖昧性」を意味し、「本当にこの方法で解決できるのか」といった絶対的な解決方法が見つからない曖昧な状態のことをいいます。例として、大手企業がベンチャー企業向けに投資する「ベンチャーキャピタル」などが挙げられます。

このような「先行きが不透明で、将来の予測が困難な状態」では、想定外の出来事が次々と起こり、ビジネスにおいては業界の概念を覆すサービスが登場します。今までの常識が非常識になり、非常識が常識となっていくのです。法人保険マーケットの世界で言うならば、バレンタインショック、ホワイトデーショック、コロナショック、名義変更プランの解体などは、まさに「VUCA」といえるのではないでしょうか。

こういった「VUCA時代」を生き残るためには次の4つのスキルが必要だと言われています。

「VUCA時代」を生き残るための **4つのスキル**

● 意思決定や迅速な対応
● 状況の変化に対応する臨機応変さ
● 多様性を受け入れるコミュニケーション力
● 最もよい答えを導き出す問題解決力

また、VUCAで必要不可欠な思考法として「OODAループ」があります。
OODAとは、VUCA同様に元々は軍事用語で、「Observe」「Orient」「Decide」「Act」の頭文字を取った言葉です。

「Observe」とは観察、「Orient」とは情勢判断、「Decide」とは意思決定、「Act」とは実行を意味します。

OODAループに似た思考法で、PDCAサイクルがありますが、PDCAサイクルは線形型意思決定の思考法で、「P ⇒ D ⇒ C ⇒ A ⇒ P ⇒ ・・・」と展開しますが、対してOODAループは、ループの途中でも現況に合わせて、例えば「意思決定（Decide）」から「観察（Observe）」に戻ったりと、より柔軟な思考方法になります。

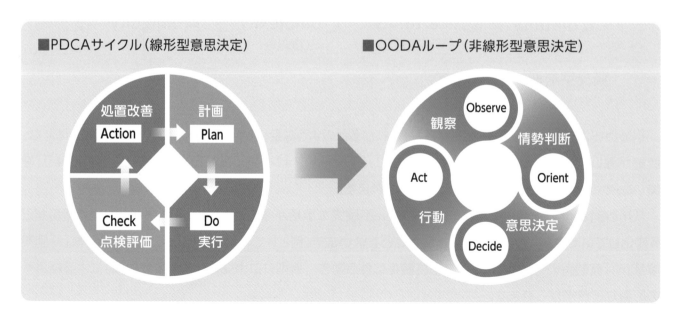

　何が起こるか予測不可能なVUCA時代には、すべてを計画通りに行うことは難しく、現場で状況を的確に判断し、柔軟に対応していくことが求められます。

　デジタル化の加速やグリーン成長戦略などの産業構造の急激な変化、新しい生活様式（ニューノーマル）への対応、デジタルツールの導入などへの投資、リモート販売やSNSの活用、自社メディアの構築など、取り組むべきことは山積。

　世界を見渡せば、半導体不足、原油価格高騰、小麦高騰、ウッドショック、ミートショック、コンテナショック、ロシアのウクライナへの侵攻、自然災害の増加、気候変動、・・・

　などなど不確実で予測不可能な事象を挙げたらキリがありません。このような時代にOODAループは、中小企業経営者にとってはもちろん、保険営業パーソンにとっても必須の思考法だと言えるでしょう。

　このような状況を理解して、数多ある課題に取り組む経営者の理解者・支援者が求められる時代になったのです。

　税理士や中小企業診断士など士業や経営コンサルタントばかりがその役割を担うのではありません。元来「聴く力」を持った保険パーソンこそ、新しい時代に経営者のパートナーとなれる存在ではないでしょうか。立ち上がれ、保険パーソン！

4　中小企業が取り組むべき課題

　このような時代に中小企業が取り組むべき課題にはどのようなものがあるのでしょうか。

　中小企業庁や経済産業省が発表する各種データや個別検討会の報告書には、一般論から具体的な企業の事例などまで実に様々な情報があり、中小企業が取り組むべき課題をイメージするのに大いに参考になります。近年のトレンドも踏まえいくつかご紹介します。

（1）技術革新/DX

　近年のデジタル技術の革新は凄まじく、うまく活用することで非連続の変化を起こすきっかけとなります。これまで人材不足、資金不足からデジタル技術の導入がなかなか進まなかった中小企業においても、コロナ禍による環境変化でリモート会議やオンライン販売などの新しい生活様式（ニューノーマル）への対応を迫られて、デジタルツールの導入が進み始めた会社も多いと思います。しかし、今取り組むべき課題は、コロナ対応の短期的な単なる「IT化」ではなく、企業文化そのものを再構築するような長期的に競争優位を獲得する視点に立った「DX（デジタルトランスフォーメーション）」なのです。言うならば、デジタルツールの導入やデータの活用といったIT化は、DXを実現するための手段に過ぎないのです。

　経済産業省も、DXを「企業がビジネス環境の激しい変化に対応し、データとデジタル技術を活用して、顧客や社会のニーズを基に、製品やサービス、ビジネスモデルを変革するとともに、業務そのものや、組織、プロセス、企業文化・風土を変革し、競争上の優位性を確立すること」と定義しています。（出典：デジタルトランスフォーメーションを推進するためのガイドラインVer.1.0　平成30年12月 経済産業省）

　こう述べると、DXは大企業が取り組むテーマで、中小企業には無理だと思われるかもしれませんが、実はDXは業務や組織の変革であるため、組織が硬直しがちな大企業よりも、むしろトップが号令をかければすぐに全体に意志が伝わる中小企業のほうが取り入れやすいといえるでしょう。

コロナ禍をきっかけとしたニューノーマルの普及は、従来型ビジネスにとって大きなピンチであると同時に、従来とは異なる発想のDXで事業を変革すれば、大きなチャンスにもなりえます。このように、DXは、まさに経営者が主導して取り組むべき課題だと言えます。

(2) SDGs/脱炭素経営

SDGs (持続可能な開発目標) を踏まえた経営は、今や当然のものとなり、中小企業も対応する必要があります。特に地球規模の気候変動対応である脱炭素は避けては通れない課題で、2020年10月の菅総理大臣による「2050年カーボンニュートラル宣言」以降、国内の脱炭素に向けた動きが急激に加速しつつあります。また、ESG投資も意識しておく必要があります。環境、社会、企業統治に配慮している企業を選別して行う投資のことで、これに反すると突然の投資撤退 (ダイベストメント) というリスクもあります。

環境省の「中小規模事業者のための脱炭素経営ハンドブック」によると、中小企業が脱炭素経営に取り組むメリットとして次の5つが紹介されています。

中小企業が脱炭素経営に **取り組む メリット**	①優位性の構築 (自社の競争力を強化し、売上・受注を拡大) ②光熱費・燃料費の低減 ③知名度や認知度の向上 ④社員のモチベーション向上や人材獲得力の強化 ⑤新たな機会の創出に向けた資金調達において有利

ハンドブックでは、これらのメリットを踏まえ、事業基盤の強化や新たな事業機会の創出、企業の持続可能性強化のためのツールとしてうまく活用した事例紹介も掲載されていますので、脱炭素経営を考える際の参考になると思います。

(3) 人口減少/少子高齢化

我が国では、総人口が2050年までに1億人を切ると予測されるほど人口減少が急速に進んでいます。それに伴って、国内市場の縮小による需要減少が懸念され、また、人材不足による労働力の確保が喫緊の課題とされています。中小企業の多くが、これらの課題に対応すべく、販売面においては、海外展開、新規チャネルの開拓、新規事業への領域拡大などを検討し、一方、労働力確保の面においては、新規採用施策、従業員満足度向上、外国人労働力、AIやITツールの導入による作業の効率化・省力化などを検討しています。

人口減少というテーマはどうしてもネガティブに捉えられますが、プラットフォーム事業者などの新たなプレイヤーの出現や地域・社会課題解決をビジョンに掲げたビジネスの裾野が広がっていることなども踏まえ、持続可能な経済社会への要請は中小企業にとってもビジネスチャンスであると、ポジティブに転換する発想が大事になります。

(4) 自然災害/新型コロナウイルス感染症などの感染拡大

日本に限らず各国とも、巨大地震や集中豪雨などの自然災害は、発生回数、被害総額ともに拡大傾向にあり、ビジネス上の大きなリスクとなっています。被災した際の直接的な被害もさることながら、取引先の被災、物流の混乱、サプライチェーンの途絶など間接的被害も懸念されます。

また、新型コロナウイルス感染症の世界的な感染拡大は、かつてない規模と速度で経営環境を急変させましたが、ただでさえ不確実性が高まっている時代において、今後の見通しをますます立てにくいものとしています。

このような災害に直面すると、拠点の数や規模が限られる中小企業には、特に操業停止は経営に大きなインパクトを与えます。こうした災害に臨機応変に対応し、損害を最小限にとどめ事業を復旧・継続していくために、あらかじめBCP（災害時の事業継続計画）を策定しておくことが求められています。また、経済産業省では、中小企業も取り組みやすい「BCPの入門編」である「事業継続力強化計画」の認定制度もあります。経済産業大臣から認定を受けると以下のようなメリットもあります。

経済産業大臣認定の
メリット

● 低利融資や信用保証枠の拡大など金融支援
● 防災/減災設備に対する税制支援（20％の特別償却）
● 補助金（ものづくり補助金等）の加点
● 認定事業者を要件とした県・市町など地方自治体からの補助金等支援
● 認定ロゴマークの利用　など

（5）付加価値の増大

企業が生み出す「付加価値」は、「従業員数」×「従業員一人当たり付加価値」によって決まります。人口減少が進む中において、付加価値を継続的に増やしていくためには、従業員一人当たり付加価値の増大、つまり、労働生産性を高めることが必要となります。

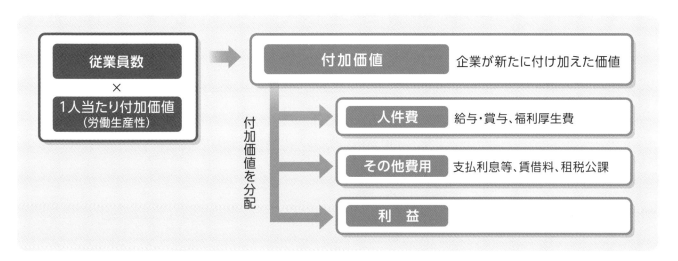

中小企業における付加価値の創出に向けた取り組みには、特定の狭い市場を対象とし、製品やサービスの差別化による優位性を構築する「差別化集中戦略」を採る企業が最も多いと思われます。顧客に新たな価値を提供するような他社との差別化は、付加価値の増大につながり、生産性の向上に貢献します。差別化集中戦略としては、「国内ニッチトップを目指す」、「海外展開で海外でのシェアを獲得する」、「自社の強みを際立たせる」、「本来の商品に付随するサービスを開発する」などの打ち手が考えられます。

また、付加価値の獲得に向けた適正な価格設定としては、「差別化によって構築した優位性を価格に十分に反映する」、「優位性を顧客に伝え、製品・サービスの価値を認識してもらう」、「独自のPRで知名度を高める」、「コストを製品単位で把握する」などの取り組みをする必要があります。

5 経営者に伴走し支援する

　経営環境の変化が激しく、不確実性が高い、VUCAの時代において、中小企業が取り組むべき課題、考えなければならないテーマを5つご紹介しましたが、中小企業がこれらに取り組み、経営改善を目指す、あるいは成長を追求する場合、これを経営者が独力で行うことは難しいと思われます。そこで、第三者による支援が重要となってきます。

　経営者およびその支援者が取るべき基本的なプロセスは、「経営課題の設定　⇒　課題解決策の検討　⇒　実行　⇒　検証」であり、課題設定を「入口」として課題解決を「出口」とするものですが、このプロセスは必ずしも一方向に流れるものではなく、課題解決策の検討の過程で課題設定に戻ったり、実行の過程で解決策の再検討を行ったりと、行ったり来たりすることが多くなります。まさに、「OODAループ」の思考法が求められるのです。

　中小企業庁も「伴走支援の在り方検討会」を設置して、経営環境の変化が激しい時代に適合した支援モデルの構築を検討しています。その報告書によると、「経営力再構築支援モデル」として「対話」を重視した支援モデルを下記のように紹介しています。

（引用）

～経営者が「腹落ち」するための最善の方法は自ら答えにたどり着くことである。しかし、中小企業、小規模事業者の経営者が独力でそこに至ることは現実的には難しい。そのため、まずは第三者（支援者）に経営者自らの頭の中にある想いを伝えて「言語化」することが大事である。支援者は、相手の言葉にしっかりと耳を傾け（傾聴）、共感を示しつつ、適切な問いかけを通じて、相手の想いを整理していき、具体的な形に導いていく。このプロセスを踏むことで、経営者は考が整理され、自ら答えにたどり着いたと実感することができ、結論に対して「腹落ち」することになる。～

（中略）

第三者からの提案であっても「腹落ち」するためには、信頼できる人からの提案なのだと感じられることが必要である。そのためにも、支援者は経営者との対話を通して信頼感を醸成しなければならない。～

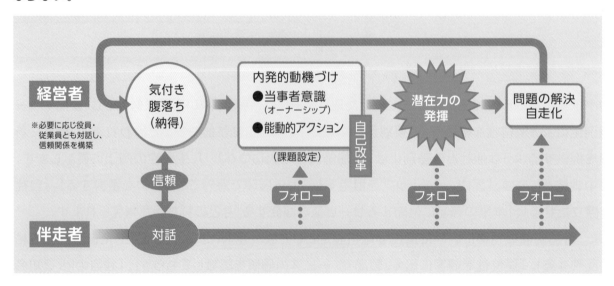

　このように支援者に求められるのは、「傾聴し、共感を示しつつ、適切な問いを投げかける」ことです。最終的に経営者の考えが整理され、自ら結論にたどり着いたと「腹落ち」することが重要なのです。

　この支援者の役割を担うのが、「財務力」を身に付け、正しく法人営業に取り組む保険パーソンの皆さんであると考えます。本書では、保険パーソンの皆さんに「財務力」を身に付けてもらうための「考え方」「知識」「技術」「トレーニング法」をお伝えしていきます。

第2章

法人保険営業が難しい
本当の理由とは?
その克服方法はあるのか?

1 法人保険営業は、なぜ難しいのか？

(1) 経営者のこころを開き、潜在ニーズに触れているか

「法人保険は難しい」という声をよく聞きます。

そのような保険パーソン向けに、知識や技術を提供する研修や書籍も沢山ありますが、「顕在化しているニーズに対するテクニックや表面的な話法」を伝えるものが多く、本質を突いたものが少ないように思えます。

はっきり言いますが、話法で法人生保は売れません。

魔法のトークなどないのです。「税の繰延べ話法」や「退職金トーク」や「損金保険くずし」など、小手先のテクニックで売れるほど甘くはありません。本質とはズレた「話法」や「テクニック」をいくら身に付けても、いつまでたっても法人保険は「難しいまま」です。

「顕在化しているニーズ」とは、「何か得するものはないか」「損したくない」「税金を払うのがもったいない」といったニーズのことで、その多くは税務マターになります。経営者にとって、これらは表層的であって真のニーズではありません。真のニーズに触れなければ保険の話にはならないのです。真のニーズは潜在化していますので、経営者のこころを開き、真のニーズを掘り起こす必要があるのです。

つまり、法人保険営業が難しいのは、顕在化しているニーズに対するアプローチ止まりで、その先、深堀りして経営者の潜在ニーズを引き出すアプローチをしていないからと言えます。

経営者のこころを開き、潜在ニーズを引き出すには、「経営者」のこと、「経営」のことをよく分かっている必要がありますが、保険パーソンの多くは、「経営者」のこと、「経営」のことが分からないと感じているので、このことが法人保険営業を難しくしている根本原因かと思われます。あるいは、あなた自身が「社長」であれば、「社長」の悩みや考えは、きっとよく分かっていることでしょう。しかし、「経営」のことはよく分かっていると言えるでしょうか？「社長さん」には誰でもなれますが、「経営」のことが分かっていなければ「経営者」にはなれないのです。

では、「経営」のことが分かるようになるにはどうしたらいいのでしょうか。

実は、「経営」のことを理解するカギは「財務を理解すること」にあります。なぜなら、財務活動は経営そのものだからです。「経営」とはリスクを取って組織や顧客に投資を行うことであり、本来財務的な活動なのです。

要するに、「財務」を理解し、「財務脳」をつくることで、「経営」のこと、「経営者」の頭の中が見えてくるようになります。もちろん、見えてくるのはあくまでも「仮説」です。

「仮説」を持って、質問をし、ヒアリングをかけることで、経営者のこころを開くことができるのです。

この「質問」・「ヒアリング」、別の言い方をすれば「ファクト・ファインディング」の質を上げることこそが、法人保険を販売する要諦と言っても過言ではありません。質の高い「仮説」は、質の高いコミュニケーションを生み、潜在ニーズの掘り起こしにつながります。

(2) 法人保険も個人保険も本質は同じだが・・・

個人保険も法人保険も「キーマンの万一時に、残されたものに対して経済的な保障」を提供するという

点において何ら変わりありません。キーマンにとって、「もし、自分に万一が起きても、残されたものに迷惑をかけたくない」という生命保険に託す想いは同じです。残されたものには未来があり、キーマンがいなくなっても人生を歩んでいかなければなりません。キーマンには残されたものの「未来を守る責任」があるのです。

　個人保険と法人保険では、その本質は同じですが、「守るべきもの」に違いがあります。

　個人保険の場合は、残された家族が「守るべきもの」にあたるでしょう。法人保険の場合は、「守るべきもの」は会社です。会社を守るとは、具体的には誰を守ることになるのでしょうか。

　まずは、新しく経営者となる後継者を守ることでしょう。そして、新経営者を支える従業員の仕事を守ることにもなります。従業員の仕事を守ることは、その家族の生活を守ることにもつながります。また、顧客や銀行など外部との関係や取引を守るということでもあります。そして何より経営者の家族を守ることでもあるのです。このように、法人保険が守るものの範囲は広く、経営者はそれだけ大きな責任を背負っているのです。

　「会社を守る」とは、そういうことであり、だからこそ、経営者へのアプローチは、表層的な税務ニーズの話ではなく、経営そのものの話をすべきなのです。そして、経営者のこころを開き、潜在化した真のニーズを引き出す必要があるのです。

　前述したように、「経営」とは本来財務的な活動であり、「リスクを取って」組織や顧客に投資を行うことですから、リスクに対する備え、すなわち「リスクマネジメント」は経営における大きなテーマになります。そして、中小企業の事業継続における最大のリスクは、「経営者の不在」であることは言うまでもありません。万が一、最大のリスクである「経営者の不在」という事態が起きてしまったときに会社を守るものは生命保険を置いて他にあるでしょうか。

　経営者と目線を合わせ、経営者の心を開き、経営者に寄り添う。そして、経営者の話に耳を傾ける。そうすれば、経営者一人では整理できなかった問題や、漠然としていて言葉に表せなかった課題を見つけ出すことができる。そして、将来のビジョンをイメージする手伝いをし、共有する。共有したビジョンの実現のために、見つけ出した課題を経営者と一緒に解決していく。その道程に「会社を守る必要な手段としての生命保険」が存在しているのです。

　そして、経営者にとって「必要な手段」である生命保険をお任せする相手は、ビジョンを共有し一緒に課題解決に取り組む「あなた」以外にいるでしょうか。

　個人保険と同じ原理原則通りに、正々堂々と経営者と向き合えば臆することはありません。

　経営者の万一をお守りする保障をお預かりするのは「あなた」以外にはいないのです。

（3）計画があれば「守るべき未来」がイメージできる

　個人保険も法人保険も、その本質は同じであり、「守るべきもの」の範囲に違いがあると述べましたが、「守るべきもの」は、「守るべき未来」であるともいえます。「守るべき未来」は「計画」を立てることで明確にイメージできます。「守るべき未来」がイメージできれば、起こりうる「リスク」を想定できます。「リスク」を想定できれば「対策」を立てることができます。「対策」に保険が役に立つのであれば、堂々と保険を提案すればいいのです。

計画とは、個人であればライフプランニング、法人であれば経営計画や事業計画ということになります。

個人保険でライフプラン表を作成したことがある保険パーソンは多いと思いますが、ライフプラン表を作成した場合の保険契約の成約率が高いことはご存じのとおりです。

なぜ、成約率が高いのでしょうか。購買心理で、人は「理性で判断し、感情で決定する」とよく言われますが、ライフプランニングが感情・理性の双方に訴求するからだと考えられます。将来のビジョンを描き、守るべきものがイメージできれば「感情」が刺激され、シミュレーション表では根拠となる数字が示されるので、「理性」でも納得することができます。

法人であっても同じことです。一緒に「計画」をつくり、「守るべき未来」イメージを共有した相手からの提案に耳を傾けない理由は有りません。つまり、令和の保険パーソンにとって、「計画づくり」のお手伝いはマストということになります。

ところで、個人におけるライフプランニングのツールは提供している保険会社も多いですし、独自のFPソフトもたくさんありますが、法人の経営計画となると、実際に使えるツールが少ないのが現状ですので、雛型を参考にして自力で作らざるを得ません。保険パーソン自身が経営計画書を作れるに越したことはありませんが、経営者に計画策定のアドバイスをすることでも「計画づくり」のお手伝いは充分に可能です。もちろん、中小企業診断士や税理士や経営コンサルタントなどの専門家と協業することも必要かもしれません。重要なのは、経営者に未来をイメージさせる質問を投げかけ、潜在ニーズを引き出せるかということです。

(4) 個人のライフステージと法人のライフステージ

計画を立てるにあたって、個人と法人の一般的なライフステージの違いも確認しておきましょう。

個人の場合は、結婚を機に家族を築くところからスタートし、「　出産　⇒　住宅取得　⇒　子供の進学　⇒　子供の独立　⇒　老後　」というライフステージを進みます。そして、天寿を全うすることでエン

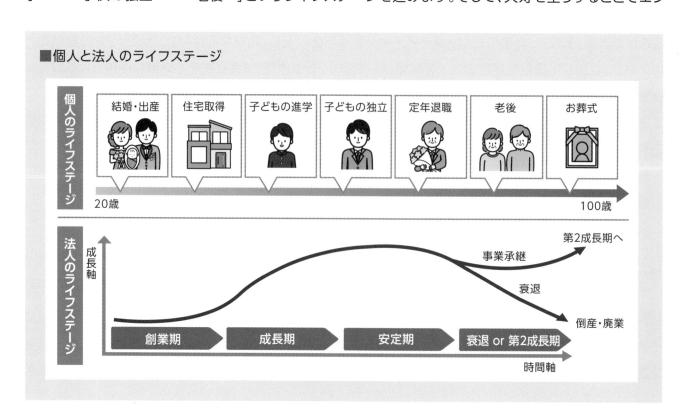

■個人と法人のライフステージ

ディングを迎えます。一方、法人の場合は、会社を設立するところからスタートし、「創業期　⇒　成長期　⇒　安定期　⇒　衰退期　or　第2成長期」といったライフステージを進みます。経営者個人はエンディングを迎えますが、法人は必ずしもエンディングを迎えるわけではありません。法人の出口シナリオは一つではないのです。安定期を経て、事業に将来性がある場合は、後継者がいれば比較的スムーズな事業承継が行われるでしょう。後継者がいなければM&Aというシナリオも考えられます。反対に、事業に将来性が見込めず衰退期に移行してしまうと、経営者は「改革か清算」の選択を迫られます。

　このように、法人にもライフステージがありますが、個人と違い、出口に複数のシナリオがあるので、このあたりをイメージできるかどうかが未来の計画を立てる際のポイントとなってきます。

　個人の場合、家族を配偶者と子供だとするならば、子供が無事に独立し、配偶者が安心して老後を過ごせることが、「未来の責任」を果たすことになろうかと思います。果たすべき責任にもゴールがあるというわけです。

　一方、法人の場合、「継続」がキーワードになってきます。経営者が不在でも、事業を「継続」するのか「清算」するのか両面を踏まえた上で「未来の責任」を果たす必要があるのです。

　「継続」するのであれば、「誰が事業を承継するのか？」をイメージする必要があります。

　「親族か？」「従業員か？」「第三者によるM&Aなのか？」

　事業を承継する新経営者が事業運営に困らないようにしておかなければなりません。

　「清算」するのであればステークホルダー（利害関係者）全員に迷惑をかけないようにしなければなりません。

　「銀行から借りたお金は返せるのか？」

　「仕入先の買掛金は支払えるのか？」

　「従業員の給料は？」「退職金は？」・・・・

　そして、個人にも法人にも言えることですが、キーマンのエンディングはいつ訪れるか分かりません。ライフステージの途中、計画の途中で、突然の事業承継・相続というのは起こりうるのです。

　ただし、リンダ・グラットンの「LIFE SHIFT」にもあるように、「人生100年時代」において個人のライフサイクルも上記のようなリニアなものではなくなっています。一つのパターンとして知っておくべきことであり、決めつけはいけません。個人個人それぞれにライフプランがあり、経営者それぞれに経営計画があります。あくまでもヒアリング（FF）が大事です。先入観にとらわれずに、お客様の想いに耳を傾けてください。

2 保険パーソンが抱える3つの勘違い

　ここまで、個人保険と法人保険の共通点と違いを確認することで、「なぜ法人保険営業が難しいのか」を解説してきました。個人保険営業とその本質は同じであるのに、「経営」のことを分からないがゆえに、「経営者」の心を開くことができず、経営者の潜在ニーズに触れることができないことが、「法人保険営業が難しい」根本原因であることがお分かりいただけたかと思います。

「経営」を理解し、経営者の心を開くカギは「財務力」を身に付けることにあります。なぜなら、財務活動は経営そのものだからです。そして、財務活動を表現したものが「決算書」であり、決算書が読めるようになれば経営における仮説が見えてきます。質の高い仮説を持つことができれば、経営者に対して質の高いヒアリング、すなわち「ファクト・ファインディング」ができるようになります。そうすれば、経営者の心を開くことができ、潜在ニーズの発見に大きく前進することができるでしょう。

本書の目的は、「正しい財務知識に基づいて決算書を深く読み、正しく法人保険提案ができるようになる。」ことですが、はじめに3つの指摘をしなければなりません。多くの保険パーソンが勘違いしていることです。

3つの指摘	①税務と財務の違いを理解していない ②経営者に財務インパクト®の話をしていない ③経営者と未来の経営の話をしていない

どういうことか、それぞれ見ていきましょう。

（1）勘違いその① 税務と財務の違いを理解していない

税務と財務は違います。

「何を当たり前のことを」とお思いでしょうが、この当たり前のことを理解していない、もしくは混同している保険パーソンが多く見受けられます。あるいは、厳しい言い方をするならば、税務の話を財務の話にすり替えてきた保険パーソンもいるのではないでしょうか。

いずれにせよ、長らく多くの保険パーソンは税務的見地から法人保険の販売を行ってきました。保険会社も税メリットを強調するような商品開発を行ってきましたし、また、多くの経営者は生命保険を節税商品としか見ていませんでしたので、税務的見地の商品開発や販売手法も受け入れられたといえます。

保障である保険本来の役割から逸脱した、こうした販売方法を是正すべく、当局が保険税務のルール改正を行えば、保険会社もまた新ルールに対応する新商品開発を行うので、また当局がルール改正を行う、というイタチごっこが繰り返されました。しかし、保険会社と当局とのイタチごっこも2019年のバレンタインデーショック、2020年のホワイトデーショックをもって完全に終止符が打たれることになりました。税務で保険が売れる時代は終わったのです。令和の時代は、正しい財務知識に基づいて、保険本来の役割である「保障」を提案する時代になったのです。

企業経営において税務対策が不要だと言っているのではありません。正しい財務知識に基づいて正しく保険提案できないと経営者をミスリードしてしまう危険性を指摘しているのです。保険税務ルール改正以前であっても、保険で対策できたのは税の繰延べであって、節税ではありませんでしたが（そもそも保険で節税はできません）、この当たり前のことでさえ、意識的にあるいは無意識に混同させるような売り方をしてきませんでしたか。「そんな売り方はしていない」と胸を張れる保険パーソンはどれくらいいるのでしょうか。

税の繰延べツールとして保険を提案する。一見、正しい財務戦略のようにも感じますが、過度な税の繰延べは、資金繰りを劣化させ、財務的に効果がないばかりか財務を毀損していることさえあるのです。

法人営業においては、税務と財務の違いを理解して、財務的見地から正しく話をすべきなのです。

(2) 勘違いその② 経営者に「財務インパクト」の話をしていない

　「財務インパクト」とは、経営者もしくはキーマンが不在の場合に、会社のお金に与える影響のことを言いますが（詳しくは第4章第2節で後述します）、この話をしていない保険パーソンもまた多く見受けられます。どういうことかというと、保険本来の機能である「万一時の保障」の話がおざなりになっているということです。

　財務対策と称して、「損金割合」や「解約返戻率」あるいは「ピーク期間の長さ」などに力点を置いた提案になっていたため、経営者に万一があった場合に、会社のダメージがどれほどのものかをイメージさせることをしてこなかったということです。

　税の繰延べも財務対策の一部ではあるかもしれませんが、本当の財務対策は、何があっても会社とその関係者を守ることではないでしょうか。経営者が、「もし、自分がいなくなったら、会社はどうなるのか？」「どれだけの財務インパクトがあるのか？」を明確にイメージした時、生命保険の必要性が浮かび上がってくるはずです。個人保険の現場では当たり前のように行われるニード喚起が、法人保険の現場ではなぜ行われないのでしょうか。

　生命保険は本来、万一の時のための保障であり、貯蓄性や税の繰延べ機能は付属品でしかないはずです。主従逆転した法人保険提案を改め、真正面から正々堂々と保障の必要性・重要性を説く。これからの法人営業はこのような姿勢を目指したいものです。

(3) 勘違いその③ 経営者と「未来経営」の話をしていない

　3つめは、生命保険提案において最も重要な勘違いです。多くの保険パーソンが見落としているポイントでもあります。

　それは、「未来の計画を基に必要保障額を算出する」ということです。たとえ、決算書をお預かりできたとしても、拙速に必要保障額を計算して保険提案をすべきではありません。なぜなら、決算書は、経営に関する行動の「結果」を分かりやすく表現したものであって、あくまでも「過去」の話だからです。生命保険が守るのは「未来」の会社であるはずです。

　過去（決算書）　⇒　現在（試算表や資金繰り表）　⇒　未来（経営計画や予定資金繰り表）

という風に流れを掴み、未来に万一が起きた場合の「財務インパクト」をシミュレーションして、必要保障額を算定するのです。具体的には、5年後や10年後における企業のあるべき姿を反映した貸借対照表をイメージし、借入金の金額からは事業保障の金額を、純資産の金額からは事業承継や株価対策の金額を算出します。

個人のお客様に対してライフプランニングを行い、守るべき将来のビジョンを一緒に描いたうえで必要保障額を算出するのと何ら変わりありません。

法人のお客様となると、決算書をお預かりしてすぐに保険提案に結びつける方も見受けられますが、あくまでも経営者と「未来経営」の話をしたうえで保険提案につなげてください。

3 法人営業には「財務力」が不可欠

保険パーソンの3つの勘違いを指摘しましたが、実は、勘違いしたままでも法人保険が売れていたのも事実です。つい最近までは。しかし、税務ルールの改正、コロナ禍を経た令和の時代においては、そうはいきません。勘違いしたままでは法人保険は売れない時代になったのです。逆に言えば、前述した3つの勘違いを正せば、法人保険は売れるということです。正しく法人保険を提案できるようになるからです。正しく法人保険を提案するためには、「財務力」を身に付け、経営者と「未来の計画」の話をし、「財務インパクト」に気づいてもらうことに尽きます。

どのような保険パーソンであれば、「財務力」を身に付けることができるのでしょうか？

それは、次のような人です。

正しく法人保険を提案する **保険パーソン**	①質の高いファクト・ファインディング（FF：実情調査）ができる ②万一の話をして、保障の必要性・重要性を説明することができる。 ③人間関係を構築しながら、 ④財務および経営知識の研鑽に励むことができる

このような人にとって、法人保険の販売は難しいことではありません。

どうですか？　①②③については、個人の保険をお預かりするのと同じことですよね。④については少しハードルが高いかもしれません。でも、大丈夫。きちんと学べば知識はしっかりと身につきます。

とはいえ、「法人保険は難しい」と不安に感じる気持ちも分かります。

こんな声をよくお聞きします。

「法人の営業経験がないから、面談のイメージが湧かない。」

「経営者に何を質問していいか分からない。」

「経営についての経験も知識がないので自信がない。」

「決算書が読めない。」

「決算書を預かることができない。」

このような不安を解消し、経営者と目線を合わせ、経営者のこころを開くカギとなるのが、「財務力」です。「財務力」が身につけば、

①**訪問前の事前準備で仮説が立てられるようになります。**

②**仮説を立てるとヒアリング項目がいくつも浮かんでくるので、面談のイメージが湧いてきます。**

③**決算書や保険証券などの財務資料を預かりやすくなります。**

　決算書を預かることができれば大きな前進です。なぜなら、決算書を預かることができれば、保険につながる情報の宝庫を手にするだけでなく、経営者からの信用も勝ち得たことになるからです。そして、決算書を深読みすることでさらに深く詳細な仮説の立案ができるので、次の経営者との面談の場においてヒアリングの深堀りが可能になります。こうして経営者との深いコミュニケーションがとれ、潜在ニーズの掘り起こしにつながっていきます。

　ここで、預かった決算書を深読みし、経営のイメージを掴むことができるかが重要なポイントになってきますが、決算書の見方・読み方については次章以降で詳しく解説していきます。

4　そもそも「財務」とは何か？

　では、そもそも「財務」とはどういうことなのでしょうか。

　「財務」という言葉は、使用する場面や文脈によって多義的に用いられますが、本書では次のように定義します。

①経営者目線で用いるならば、「財務とは経営そのもの」である。
②金融機関やコンサルタント目線で用いるならば、「財務とは戦略」である。

(1)「財務とは経営そのもの」である

　中小企業における「経営」とは、リスクを取って顧客や組織に投資する「財務活動」です。つまり、経営者にとって「財務」とは経営そのものであると言えます。経営行動を「お金」という数字で可視化したものが「財務」です。財務活動を記録し、外部へ報告したり、社内で共有したりする資料が「決算書」などの財務資料となります。具体的に挙げるならば、資金の調達と運用、経営計画の策定、資金繰り管理に至るまで、経営を取り組む上でのおよそ全ての意識決定や行為は財務活動であると言えるでしょう。

　可視化された「お金の流れ」をチェックすることで、「これまでどのような経営が行われてきたか」、また、「これからどのような経営を行おうとしているのか」ということを把握することができます。「お金の流れ」を理解するためには、「ヒト・モノ・カネ」と呼ばれる経営の三要素を押さえる必要があります。

　それでは、三要素の押さえるべきポイントを見ていきましょう。

①「ヒト」について

　「企業は人なり」と言われますが、「ヒト」については、経営者と従業員の二者をイメージする必要があります。

　中小企業経営の善し悪しは、経営者で決まると言っても過言ではありません。「経営理念やビジョンは持っているか」、「経営に対して情熱を持っているか」、「組織を引っ張るリーダーシップはあるか」、「顧客を惹きつける営業力はあるか」、「銀行や外部取引先との交渉力や調整力はあるか」、など、経営者の力量は会社の命運を大きく左右します。

　ですので、経営者に万一のことがあり仕事ができなくなれば、会社に与える「財務インパクト」は計り知れないものがあります。そして、中小企業の経営者のほとんどは銀行融資の連帯保証人になっています。「連帯保証債務」は残された経営者の家族にも多大な影響を及ぼします。

また、従業員は経営者を支え、会社を支えますので、従業員の姿勢や態度がそのまま会社の顔になると言えます。従業員の数や男女比率、年齢構成、職種割合などを確認することがポイントとなります。経営者と同様に従業員の万一や就労不能も、イメージしておかなければなりません。我が国における労働力確保の問題は深刻ですが、特に中小企業においてはアルバイトやパートも含めて採用が難しくなってきているのが現実です。従業員の万一や就労不能も対策しておかなければ事業継続は厳しくなります。

②「モノ」について

　「モノ」については、商売と業界をイメージする必要があります。事業内容・業務フロー・販売先・仕入先など、事業の流れ全般をイメージすることになります。「7W3H」(「5W1H」の派生フレームワークです。)を使うと商売の全体像を掴むことができます。

・What?	：「何を作っているのか?何を売っているのか?」	(製品、商品)
・Who?	：「誰が作っているのか?売っているのか?」	(事業主体)
・Whom?	：「誰に売っているのか?」	(市場、顧客)
・When?	：「いつ作ってるのか?売っているのか?」	(季節変動要因)
・Where?	：「どこで売っているのか?」	(流通、チャネル)
・How many?	：「どのくらいの量を売っているのか?」	(商売の規模)
・How much?	：「どのくらいの値段で作っているのか?売っているのか?」	(仕入単価、製造単価、商品単価)
・How to?	：「どのようにして作っているのか?売っているのか?」	(ノウハウ、マーケティング、差別化要因)
・Why?	：「なぜ売っているのか?」	(経営理念、ビジョン、戦略)
・Which A or B?	：「AとBのどちらかで?」	(選択肢)

　このようにして、経営者に「モノ」の確認ができるようになると、その会社の「チャームポイント」を発見できるようになり、その「チャームポイント」を伝えることで、経営者との距離はぐっと縮まります。「会社のチャームポイントの発見」とは、別の言い方をするならば、事業における競合他社との「差別化ポイントの確認」です。この差別化の話をするためには、新聞・テレビ・ネットなどのメディア情報や、業種別審査事典などの情報を使って業界や事業についての事前の予習をすることが役に立ちます。

③「カネ」について

　「カネ」については、「売上高」、「経費」、「資金繰り」、「銀行融資」をイメージするといいでしょう。

　会社は赤字でも倒産しませんが、お金が無くなると事業継続ができなくなります。自然人である個人と違い、法人は半永久的に生き続けることができますが、「カネ」が尽きることで、ある意味「死」を迎えてしまうのです。ですので、事業継続をするためには、お金の調達、特に銀行融資は必要不可欠なのです。銀行融資を円滑にするために資金繰りを管理しておかなければなりません。家庭における家計簿のようにお金の流れの把握をすることが「資金繰り管理」です。

　また、経営の三要素の間には因果関係があります。

「ヒト」に「モノ」を掛け合わせることで、「カネ」という結果が生まれると考えられます。

（　「ヒト」　×　「モノ」(要因)　＝　「カネ」(結果)　）

　例えば、「従業員（ヒト）が、商品（モノ）を売ることで、売上高（カネ）ができる」ということになります。逆の因果関係もあります。

$$（　「ヒト」　×　「カネ」（要因）　＝　「モノ」（結果）　）$$

　例えば、「経営者（ヒト）が、借入（カネ）をして、工場（モノ）を建設する」ということになります。

　このように、「モノ」「カネ」は経営に関する「ヒト」の行動の結果ですが、この結果を分かりやすく表現したものが「決算書」になります。ですので、決算書を分析することで、経営者の経営に対する考えが読めるようになるというわけです。

　ここまで、経営の三要素である「ヒト、モノ、カネ」の押さえるべきポイントを見てみましたが、この3つは経営者の悩み・課題そのものであり、経営者目線では「財務とは経営そのもの」であることをご理解いただけたかと思います。

(2)「財務とは戦略」である

　・金融機関やコンサルタント目線で用いるならば、「財務とは戦略」である。
と述べましたが、いったいどういう意味でしょうか。

　ここでいう「金融機関」とは、銀行、証券会社、生命保険会社、損害保険会社、リース会社などの金融商品販売業者を指します。また、「コンサルタント」とは、税理士、弁護士、社労士、中小企業診断士などの専門家を指します。つまり、彼らは、経営者に対する金融商品や専門サービスなどの「売り手」ということになります。融資、保険、税務顧問、補助金申請など、それぞれに売りたい商品があるわけです。ですので、その商品が「いかに経営に役立つのか」と、経営者に提案という名の「営業」をすることになります。ここで、ポイントとなるのは、その商品がいかに経営に役立つとしても、その商品は経営にとっては「部品」であり、「パーツ」に過ぎないということを認識しなければなりません。要するに、経営者にとって、それぞれの商品はあくまでも「戦術」であり、その土台には「戦略」すなわち「財務」があるのです。

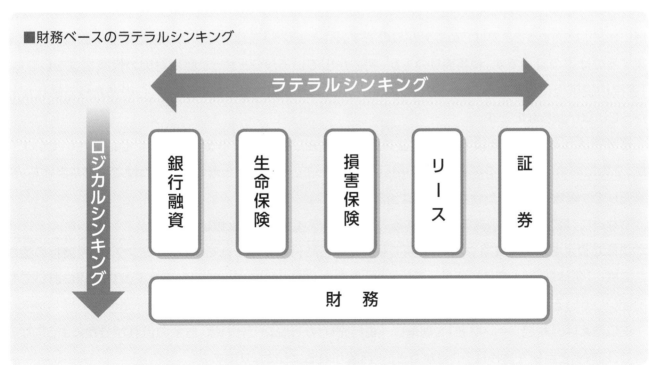

■財務ベースのラテラルシンキング

戦略に基づかない戦術は役に立ちません。戦術をいくら深堀りしても、戦略を外してしまっては経営者とは目線は合いません。戦術である売りたい商品の前に、その土台となる戦略論で、経営者と目線を合わせる必要があるのですが、ベースとなるのが財務なのです。特に、「VUCAの時代」と言われるように、予測不可能な令和の時代においては、戦術である打ち手（商品）は、柔軟に考える必要があります。銀行員だから融資提案、生保パーソンだから生命保険提案と、垂直思考（ロジカルシンキング）で考えるのでなく、水平思考（ラテラルシンキング）で考えなければ生き残れない時代なのです。

戦略である財務をベースに、銀行融資、生保、損保、証券、リースなどの戦術をイメージし、柔軟に水平展開で思考できれば、税務、法務、労務などの専門領域であっても、それぞれの専門家よりも一段上の目線を持つことができます。財務脳をつくることで、経営者の相談相手となることができます。まさに、「保険屋さん」からの脱却ができるのです。

（3）税務売りはPLしか見ていないが、経営者はPL、BS、CS（資金繰り）の三位一体で捉えている

ハーフタックスや4割損金保険など、税の繰延べ効果に主眼を置いて保険提案する手法を「税務売り」と呼びますが、税務売りの人は、決算書の中でもPL（損益計算書）にしか関心を示しませんので、決算前に客先に足を運び、「今期の決算の調子はいかがですか？」と利益が出ているのか赤字なのかだけを確認し、利益が出ていれば、「何かお役に立てそうなことはありませんか？」と節税対策ニーズを探り、保険提案の機会を得ようと試みます。これでは、経営者と目線が合うわけがありません。

経営者が日ごろ気にしている「数字」は、売上高や利益だけではありません。在庫や設備投資、借入や資金繰りなど、財務に直結するPL、BS（貸借対照表）、CS（キャッシュフロー計算書もしくは資金繰り表）の3表を総合的に見ています。経営者が財務諸表それぞれを「正しく読めるか」はさておき、3表をバラバラではなく三位一体で捉えていることは間違いありません。そういう意味において、経営者は「財務脳」を持っているのです。とりわけ「現預金」残高を意識していて、経営者それぞれに安心できる残高「キャッシュポジション」の感覚を持っています。

この「キャッシュ」の有り無しや動きは、PLを見ただけでは分かりません。財務3表を見て仮説を立て経営者にヒアリングすることではじめて分かるのです。「キャッシュ」を理解せずに利益だけ見て節税対策を提案するのは愚の骨頂です。税務売りの人が、利益が出ているからと言って節税対策の保険提案をしても、「顧問の税理士に相談する」とか「お金がないんだよ。」とか流されてしまうのは、このあたりの感覚が分かっていないからなのです。

経営者は、いかにして業績を上げ、利益を出し、資金繰りを楽にし、お金を残すかに心血を注いでいますが、そのための手法の一つが節税（税の繰延べ）であって、それだけを考えているわけではありません。税務売りでは経営者と目線が合わないのは当然なのです。

ちなみに、経営者が節税対策を意識するのはどんなタイミングだと思いますか？
本決算で税金を納める時期や、中間納税で税務署から納付書が送られてくるタイミングで、税負担の重さを実感し「勿体ない」と感じるのが一般的です。先の税務売り保険パーソンは、タイミングの点においても勘違いしていると言わざるを得ません。

逆に言えば、「税務　≠　財務」を理解し、「税務売り」から脱却できれば、お金の流れが分かるようになるので、経営者と目線を合わせることができ、一目置かれるようになります。

あらためて、令和の保険パーソンは、正しい財務知識を身に付け、正しく保険提案ができなければなりません。そして、経営者に寄り添い、ビジョンを共有し、課題を解決していく。そのような、財務脳を持った保険パーソンを、経営者は相談相手として求めているのです。

5 財務力を身に付け、財務脳をつくるにはどうしたらいいか？

（1）財務の型を覚え、決算書を数多く読むこと

経営者と目線を合わせるのに不可欠な「財務脳」ですが、正しい財務の型を覚えて、トレーニングを積み重ねることで、財務力が身につき、「財務脳」をつくることができます。

トレーニングとは、決算書を読み、仮説を立てることです。なぜなら、経営そのものである財務活動を分かりやすく表現したものが決算書だからです。シンプルですが、決算書を読むトレーニングを積み重ねることで間違いなく財務力が身に付きます。正しい財務の型を覚えることで効率的にトレーニングを行うことができます。正しい財務の型と効果的なトレーニング方法を次章以降でお伝えしていきます。

（2）決算書の「見方」「読み方」「預かり方」

決算書には、その表現の仕方にルールがあり、パターンがあります。決算書を読むためには、まずは、ルールを覚え、パターンを知る必要があります。このような決算書の仕組みや内容を、第2章で「決算書の見方」として解説します。

決算書は漫然と「眺める」のではなく、「読む」のです。「読む」のですから、経営のストーリーを、そして経営者の意図を読まなければなりません。そのためには、目的意識を持って、ポイントを押さえた読み方をする必要があります。

仮説を立てながら読むと言ってもいいでしょう。こういった読み方をすることで、貸借対照表や損益計算書の内容の理解は当然ですが、さらに動態的に企業の動きをイメージすることができるようになります。過去の結果に過ぎない決算書を読んで、その企業の現在の実態をチェックし、過去の動きの背景を想像し、そこから今後の動きが予想できるようになれば、金融機関・コンサルタントとして何ができるか、何を提案するべきか自ずと見えてくるはずです。「決算書の読み方」として、第3章で解説します。

決算書の見方を覚え、読み方を学んだとしても、決算書そのものを入手できなければ話になりません。経営者にとって決算書は自社の通信簿のようなもので、銀行や税務署以外の外部に簡単に見せるようなものではありません。挨拶に伺った程度では、経営者も決算書を出してはくれないでしょう。決算書をお預かりするためには、見せる必要性を感じてもらわなければなりません。第4章では、「決算書の預かり方」として、単なる挨拶に終わらない、質の高い訪問をするための事前準備の方法と、経営者にとって関心の高い、決算書を出したくなるようなテーマをご紹介します。

（3）財務力を身に付ける第一歩は「簿記・会計」にあり

実は、財務力を身に付けるための第一歩であり、最大のポイントは「簿記・会計」の考え方にあります。

「簿記・会計」の目的は、決算書をつくることにあります。決められたルールに基づいて帳簿に日々の

取引を記録し、決算書という分かりやすい形に表現するのが、「簿記・会計」の役割です。つまり、「簿記・会計」は、既に起きた「過去」の記録・処理を行い、出来上がった「決算書」は「過去」のお金の流れを表現したものになります。一方、「財務」は前述したように「経営そのもの」であり、これから動かすお金の管理（資金繰り、資金調達、経営計画）をすることです。つまり、「簿記・会計」は、経理担当や顧問税理士の仕事であり目線は過去に向きますが、「財務」は経営者の仕事であり目線は未来に向いているということです。

　では、「財務力」を身に付けるのに、なぜ「簿記・会計」の考え方が必要なのでしょうか。

　決算書の表現の仕方についてのルールが「簿記・会計」にあるからです。決算書は過去のお金の流れを表現したものですが、過去の振り返りなくして未来の計画ができないのは言うまでもありません。「財務力」を身に付けるには、決算書を読めるようになり、過去のお金の流れの振り返りができるようになる必要があるのです。そのためには、まずはルールを知ることが大事だというわけです。

　実際に、決算書が読めないのは、財務力が足りないこともありますが、ほぼ間違いなく「簿記・会計」のことを理解していません。「簿記・会計」を経理担当や顧問税理士に丸投げしている、いわゆる「社長さん」もいますが、意識の高い「経営者」は「簿記・会計」の重要性を理解しているのです。ただし、勘違いしてほしくないのですが、「簿記・会計」と「財務」を混同しないことです。「簿記・会計」は過去目線、「財務」は未来目線です。前述した「社長さん」はおそらく混同しているので、財務も経理担当や税理士の仕事だと思っているかもしれません。後者の「経営者」は、「簿記・会計」の重要性を理解しつつも自らの仕事は「財務」だと認識しているはずです。

　「社長さん」や保険パーソンのみなさんが手っ取り早く「簿記・会計」の知識を身に付けるには、簿記の検定試験を受けてみることをお勧めします。日本商工会議所をはじめ複数の団体が実施していますが、日本財務力支援協会では、最低限、「日商簿記3級」レベルの知識は身に付けてほしいと考えています。できれば、「日商簿記2級」の知識があれば、決算書に「製造原価報告書」が入ってくる業種（製造・建設・運送・IT系など）にも対応できるようになります。

　簿記の検定試験というと、「借方・貸方」とか「原価計算」とか、色々と大変そうに思われるかもしれませんが、経理担当実務をすることが目的ではなく、あくまでも、決算書を読めるようになって「財務力」を身に付けることが目的ですので、次の3つのことが理解できれば、必ずしも試験に合格する必要はありません。

　とにかく、

「財務力」を 身に付けるために	①簿記の5要素 ②「仕訳」のルール ③「勘定科目」の意味と配置

の3つを理解してください。どういうことか、それぞれ見ていきましょう。

(4) 簿記の5要素について

　会社では様々な経済活動が行われますが、すべての取引は「資産」、「負債」、「純資産」、「収益」、「費用」の5つの要素に分類されます。すべての取引は、「勘定科目」と「お金」として帳簿に記録され、「仕訳」によって5つの要素に振り分けられ、まとめられていきます。5つの要素のうち、「資産」、「負債」、「純資産」は貸借

対照表（BS）として会社の「財政状態」を表現し、「収益」、「費用」は損益計算書（PL）として会社の「経営成績」を表現します。こうして作成されるのが決算書というわけです。

　5つの要素の位置関係も大事なポイントです。左側に「資産」と「費用」、右側に「負債」と「純資産」と「収益」となっています。左側はお金の「使われ方」を表し、右側はお金の「集め方」を表します。さらに、上下にも意味があります。上には「資産」「負債」「純資産」があり、貸借対照表を表します。下には「費用」「収益」があり、損益計算書を表します。

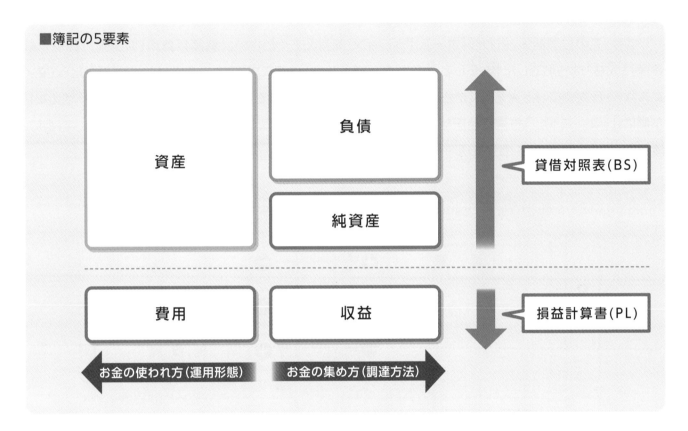

■簿記の5要素

　「資産」とは、会社が持っている財産のことです。「現金・預金」「受取手形」「売掛金」「商品・製品」「仕掛品」「原材料」「建物」「構築物」「機械」「車両運搬具」「土地」「投資有価証券」「保険積立金」などの勘定科目が含まれます。

　「負債」とは、会社がこれから支払うべき義務のあるお金のことです。「支払手形」「買掛金」「借入金」「未払金」「社債」などの勘定科目が含まれます。

　「純資産」とは、会社の事業のためのお金と利益の蓄積のことです。会社をスタートさせるために必要なお金である「資本金」や事業で得られた利益の積み増しである「繰越利益剰余金」などの勘定科目が含まれます。

　「収益」とは、会社の営業活動内外の収入のことです。メインの勘定科目は「売上高」です。営業外の収益として「受取利息」や「受取配当金」などの勘定科目が含まれます。

　「費用」とは、会社の営業収入のために必要となったお金のことです。「仕入」「給料」「通信費」「水道光熱費」「旅費交通費」「広告宣伝費」「支払手数料」などの勘定科目が含まれます。あくまでも「収益」を上げるために直接かかった「費用」であり、お金が出ていけば「費用」というわけではないので注意が必要です。例えば、借入金の返済利息は営業外の費用となりますが、元金返済は費用とはなりません。

(5) 「仕訳」のルールについて

　日本財務力支援協会では財務研修や経営コンサルティングを数多く行ってきましたが、「決算書が読めない」「財務は難しい」という経営者や受講生に話を聞くと、「仕訳」が分からないのでお金の流れがイメージできない、という人が多いです。確かに、「仕訳を制する者が簿記を制する」と言われるくらい、「仕訳」は「簿記」の要なのですが、「仕訳とは、簿記上の取引を「借方」と「貸方」に分けて・・・」などと言われると、よく分からなくなるので、「借方・貸方」云々は一旦忘れてください。「仕訳」のルールのポイントは、前述した簿記の5要素の「位置関係」と、その「増減」の把握です。

　まずは、この位置関係、言わば「ホームポジション」を覚えてください。「資産」「費用」は左側、「負債」「純資産」「収益」は右側でしたね。そして、「各要素が増えたら（プラスなら）ホームポジション、減ったら（マイナスなら）反対側に。」と覚えてください。例えば、「現金」は「資産」ですが、「資産」である「現金」が増えたら左側に仕訳し、減ったら右側に仕訳する。同様に、「借入金」は「負債」ですが、「借入金」が増えたら右側に、減ったら左側に仕訳する。仕訳のルールは、たったこれだけです。

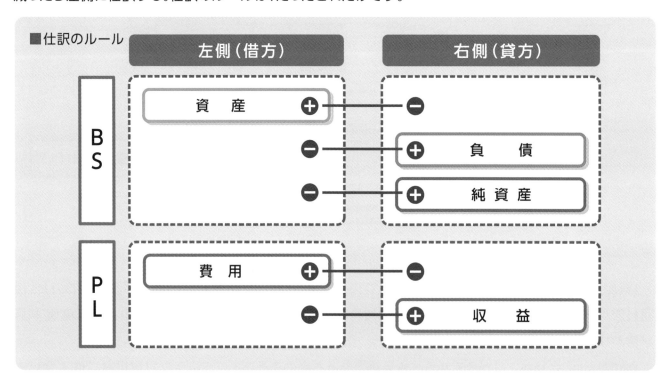

　具体例を見てみましょう。例として「社員用に5万円のパソコンを現金で購入した」という取引を仕訳してみます。

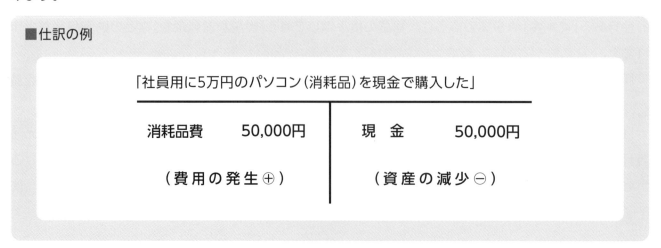

　社員用パソコンを購入することで、「消耗品費」という費用が5万円発生しました（原因）。費用の発生は借方（左側）に記載します。その結果、「現金」という資産が5万円減りました（結果）。資産の減少は貸方（右側）に記載します。これで仕訳完了です。

　このように取引を「原因」と「結果」の2面からとらえることで、お金の流れを掴むことができます。つまり、経営のストーリー仮説が見えてくるというわけです。

　今度は逆に、仕訳からどんな取引だったのかを推定してみましょう。

■養老保険仕訳の例

保険積立金	10,000円	預　金	20,000円
福利厚生費	10,000円		

　預金（資産）のホームポジションは左側ですので、図の例だと預金が反対側の右側にあるということは、預金が2万円減ったことを示します（資産の減少）。相手勘定は「保険積立金」（資産）と「福利厚生費」（費用）が左側にありますが、ともにホームポジションは左側なので、「保険積立金」という資産の増加と、福利厚生費という費用の発生を示しています。

　つまり、この取引は「保険料として普通預金口座から2万円支払った結果、福利厚生費（費用）として1万円計上し、保険積立金（資産）として1万円計上した」ということになり、養老保険の福利厚生プランであることが推測できます。

(6)「勘定科目」の意味と配置について

　「簿記の5要素」のホームポジションと「仕訳」のルールを見てきましたが、財務力を身に付け、決算書を読めるようになるための「簿記・会計」の考え方の最後の項目は、「勘定科目」の意味と配置を知ることです。「勘定科目」の意味が分からないと、その勘定科目が、「資産」なのか「費用」なのか、5要素に分類しようがありません。例えば、「売掛金」とは、「売上の対価として将来的にお金を受け取る権利」のことなので、「資産」に分類されるのですが、「売掛金」の意味が分かっていないと、そもそも5要素に分類できないので、仕訳もできません。

　語学を学ぶ際に単語の意味が分からないと文脈のイメージが湧かないのと同じように、「勘定科目」の意味が分からないとお金の流れのイメージが湧かず、経営ストーリーの仮説が立てられないのです。

　「PLは分かるがBSが分からない」という人が多いのは、BSには馴染みのない勘定科目が多いからです。また、どこに計上されているかが分からないので、BSを読む際に目線が定まらずあちこちに動き、BSを読むのに時間がかかってしまいます。実は、BSは「流動性配列法」に基づいて計上されるのが一般的で、流動性の高いものから低いものの順で配列されているのです。要するにお金になりやすい順番に配列されているとイメージすれば分かりやすいと思います。勘定科目の意味と配置が分かれば、BSを読む時間は大幅に短縮できます。

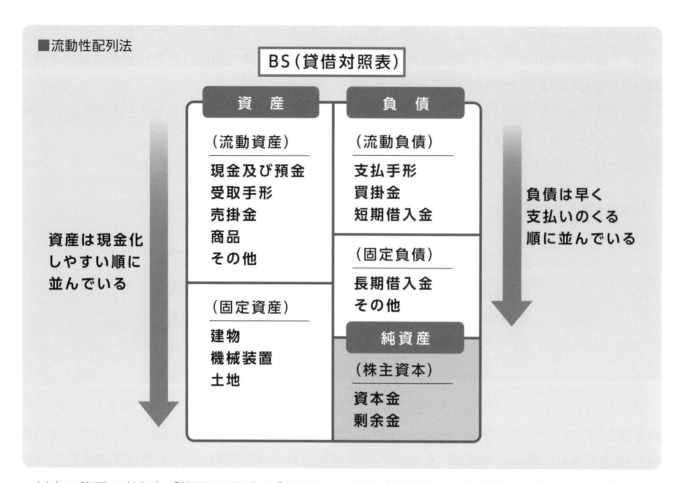

■流動性配列法

BS（貸借対照表）

資　産	負　債
（流動資産） 現金及び預金 受取手形 売掛金 商品 その他	（流動負債） 支払手形 買掛金 短期借入金
	（固定負債） 長期借入金 その他
（固定資産） 建物 機械装置 土地	純資産 （株主資本） 資本金 剰余金

資産は現金化
しやすい順に
並んでいる

負債は早く
支払いのくる
順に並んでいる

　以上の簿記の考え方、「簿記の5要素」・「仕訳のルール」・「勘定科目の意味と配置」の3つを理解することで、決算書を見る目線が変わってくるので、財務力は格段に向上します。

　財務力が向上すれば、決算書を読めるようになります。決算書が読めれば、会社の実態やストーリーがイメージできるようになります。そうすれば、「仮説」を立てることができるようになります。仮説があれば、経営者に対して深い本質を突いた質問（FF）ができるようになります。深い質問は、潜在ニーズを掘り起こすだけでなく経営者との信頼関係も構築できるようになります。「簿記」を学んでほしい理由はここにあります。

(7)財務の「型」を身に付ける

　財務力は一朝一夕には身につきませんので、繰り返し鍛錬し、研鑽に励む必要がありますが、武道に「型」があるように、財務にも「型」があります。「型」を学ぶことで効率的かつ効果的に財務力を身に付けることができます。闇雲に知識を吸収するのではなく、基本となる「型」を身に付けることが上達の近道です。本書では保険パーソンのみなさんが身に付けるべき「財務の型」のいくつかを分かりやすくお伝えします。「型」をいくつか持っておくことで、何でも一から考えなくても、場面に応じて適切でスピーディなアウトプットが可能になります。

　「型」はある意味「パターン化」とも捉えられますが、「パターン化して作業をこなせ」ということではなく、「型を身に付けることで、必要のないところに時間と思考を使わずに、本当に集中すべきところに全集中せよ」ということが大切です。

　また、「財務の型」を身に付けるためのトレーニング方法もお伝えしますので、繰り返し鍛錬し、財務力を向上させてください。

第 3 章

決算書の「見方」

第2章では保険パーソンの3つの勘違いと、個人保険と法人保険の共通点と違いについて確認しました。そして、財務力を身に付け、決算書が読めるようになるには、「簿記」が重要であることについて説明しました。第3章では、決算書の基礎知識、決算書の見方を学んでいきましょう。

1 決算書とは何か？

「決算書」とは、一般的な呼び方で、正式には「財務諸表」のことをいいます。会社が年度末に作成する会計報告の書類の総称です。中心となるものが貸借対照表（BS）、損益計算書（PL）、キャッシュフロー計算書（CS）の3つです。中小企業にはキャッシュフロー計算書の作成義務はないので、目にする機会は少ないかもしれませんが、キャッシュの流れを把握することは非常に重要なので、代わりに「資金繰り表」などで管理する必要があります。

決算書の役割は、会社のステークホルダー（利害関係者）に会社の実態を正確に数字で伝達することです。

ステークホルダーには、従業員、取引先、銀行、税務当局、株主、地域社会、経営者などがいますが、中小企業にとって特に決算書を重視するのは、銀行、税務当局、そして経営者自身でしょう。

> 銀行にとっての決算書は、「融資しても大丈夫だろうか？」と融資判断をする材料になります。
> 税務当局にとっては、「税金計算は正しいか？」と税金計算をチェックする材料になります。
> 経営者にとっては、「うちの会社はどうなってる？」と現状を把握し、未来を計画する材料になります。

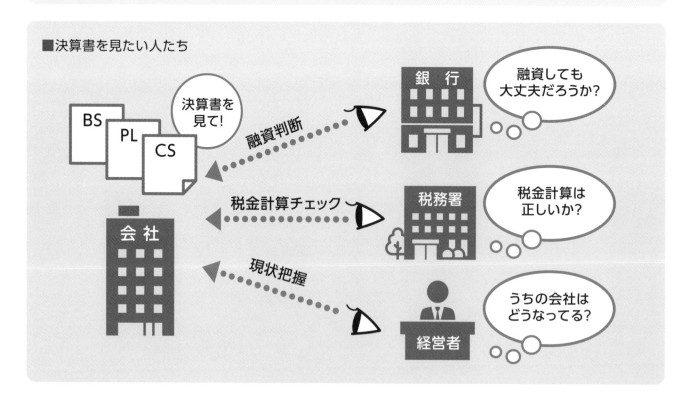

■決算書を見たい人たち

決算書は過去の結果なので未来の計画には意味がないと言う人もいますが、そんなことはありません。決算書は、「会社の健康診断書」だからです。健康診断の結果を見て、精密検査を行ったり、治療を開始したり、ダイエット計画を立てたりと健康改善の行動をするのと同じように、会社の健康診断書である決算書は、未来の計画を立てる出発点になります。決算書は、会社の健康状態を数字で明確に教えてくれます。

ただ数字を眺めるだけでは意味がないかもしれませんが、時系列で過去との比較をし、その増減をチェックすることで傾向が分かります。業界平均値と比べることで自社の立ち位置が分かります。ただし、例えば50歳男性なのに20歳女性の平均値と比べても意味がないように、会社の健康診断書においても、比べる平均値を間違わないようにしなければいけません。

　また、健康診断書の「血糖値」「血圧」「尿酸値」などの項目は、決算書で言うならば、「売掛金」「在庫」「買掛金」「借入金」などの勘定科目になりますが、各勘定科目の異常値の見つけ方、見るべきポイントは後述します。

　このように、決算書は過去のものですが、将来を計画するには絶対に押さえるべきものなのです。過去の経営を振り返ることで、クセを掴み、改善点を見つけ、未来の計画に活かすのです。

2 決算書の構造

　決算書は、貸借対照表・損益計算書が中心になりますが、それぞれ単体で見るものではなく、一体で見るものです。一体で見ることでお金の流れを掴むことができ、経営の状態を把握することができるようになります。決算書はBS・PL一体で見るように作られているのです。そこで、本節ではBSの見方、PLの見方、BSとPLのつながり、という順番で見ていくことで、決算書の構造を理解します。

(1) 貸借対照表(BS)は社長の脳ミソ

　「貸借対照表は、一定時点(決算期末)における資産、負債および純資産の状況を取りまとめたものである。」

　教科書的に言うとこうなりますが、BSは、左脳と右脳、つまり、経営者の頭の中を表していますので「社長の脳ミソ」をイメージしてみます。

　右脳は、大きく分けて「負債」の部と「純資産」の部で構成されていますが、社長の右脳では「お金の集め方」を考えています。

　どうやってお金を集めるか?

　集め方には、「他人から借りる」、「自分で出資する(もしくは投資してもら

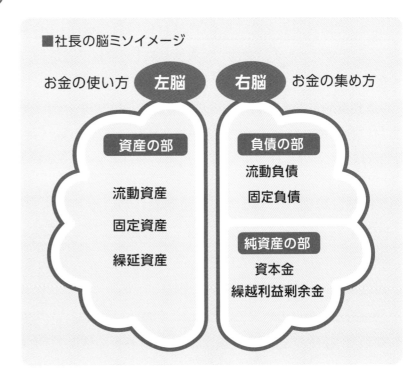

■社長の脳ミソイメージ

お金の使い方 左脳　右脳 お金の集め方

資産の部
流動資産
固定資産
繰延資産

負債の部
流動負債
固定負債

純資産の部
資本金
繰越利益剰余金

う)」、「事業で稼いで利益を積み上げる」の3パターンがあります。「他人から借りる」のが「負債」です。「他人資本」とも言われ、銀行をはじめ第三者から借りて集めたお金なので返済の必要があります。買掛金や社会保険の預り金も期日が来たら支払うわけですから、これもまた「返済の必要がある」お金になります。返済しなければならないお金ならば、できれば少ない方がよさそうですが、単純に少なければいいというものでもないのが、財務戦略の難しいところです。

「自分で出資する（もしくは投資してもらう）」のが「資本金」で、「事業で稼いで利益を積み上げた」のが「繰越利益剰余金」です。この2つは「純資産」で、「自己資本」とも言われ、自分で出して、自分で儲けたお金なので返済の必要はありません。

　また、「純資産」は今までの会社の歴史を表していて、つまり、資本金をいくら出して、何十年かけていくら利益を積み上げてきたか、まさに社長の血と汗と涙の結晶が「純資産」になります。

　「自分で出すか」、「他人から借りるか」、この「お金の集め方」のことを、資金の「調達」といいます。

　左脳は、「資産」の部で構成されていて、「お金の使い方」を表しています。

　ただお金を使えばいいわけではなく、社長は当然、「売上と利益を上げる」ために何に投資すれば儲けられるのか、を考えながらお金を使います。作業効率を上げるために新しい機械に設備投資した方がいいのか、売上を上げるために商品を仕入れて在庫を持った方がいいのか、チャンスが来るまで預金として置いたままがいいのか、ということを考えるのです。この「売上と利益を上げる」という行為は、損益計算書と連動してくるのですが、投資の結果、上手く儲けることができれば、「利益」として「純資産」に、そして「現金・預金」として「資産」に返ってくることになります。

　このように社長の左脳では、どのようにお金を使えばうまく利益を上げられるだろうかと考えているわけです。

　儲けるための「お金の使い方」のことを、資金の「運用」といいます。

　このように社長の頭の中は、右脳ではどうやってお金を集めようかと考え、左脳では何にお金を投資したら儲けられるのかと考えているわけです。

　なお、貸借対照表を構成する「資産」「負債」「純資産」の中身である「勘定科目」については後述しますが、ここではひとまず、「資産」と「負債」は、「流動」と「固定」でさらに2つに分けられるということを覚えてください。

　「流動資産」は1年以内にお金になるもの、「固定資産」は1年以上かけてお金になるものをいいます。逆に、「流動負債」は1年以内にお金を支払わなければならないもの、「固定負債」は1年以上先にお金を支払わなければならないものになります。この分け方を「ワンイヤー・ルール」と言います。

(2) 損益計算書（PL）は5つの利益を表している

　損益計算書は、「一定期間における経営成果としての利益（または損失）の状況を示すもの」、つまり、「会社の儲ける力」を表しています。一定期間とは、たとえば、期首から期末までの1年間です。

　PLとは5つの「利益」を表現しています。

　「利益」とは儲けの結果のことで、「　利益　＝　収益　－　費用　」で算出されます。

　前項で、社長の左脳では、儲けるための「お金の使い方」を考えていると書きましたが、実は、「資産」を購入することに使うのか、「費用」として使うのかに分かれます。そして、「儲けるため」というのは「収益」を上げることに他なりません。その意味において、PLもまたBS同様に、社長の頭の中を表しています。右脳では、「どうやって売上をあげようか」と「収益」を考え、そのためには「何にお金を使ったらいいか」と左脳で「費用」を考えているのです。

　ただし、どれだけ「収益」を上げても、それ以上に「費用」を使ってしまっては「利益」は残りません。当たり前ですが、「収益　＜　費用」であれば、「利益」ではなく「損失」となります。

損益計算書では、図のように5つの利益が表現されます。

■損益計算書の構造

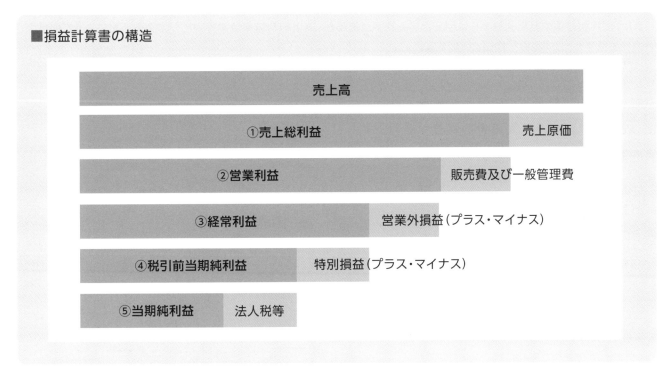

「収益の源泉」である「売上高」から、販売した商品を仕入れたときにかかった費用である「売上原価」を差し引いたものが、①「**売上総利益**」です。商品やサービスの販売によって得られた直接的な利益で、「利益の源泉」と言われます。「売上総利益」から「販売費及び一般管理費」を差し引いたものが、②「**営業利益**」で、「本業での儲け」になります。「営業利益」から「営業外損益」をプラスマイナスしたものが、③「**経常利益**」で、「企業の総合力」を示します。「営業外損益」は、「受取配当金」や副業で得た収益はプラスし、「支払利息」などはマイナスします。「経常利益」から「特別損益」をプラスマイナスしたものが、④「**税引前当期純利益**」で、「特別損益」とは、たとえば土地を売却して売却益が発生したとか、逆に売却損が発生したといったような、経常的な営業活動以外の臨時的な損益のことを言います。「税引前当期純利益」から「法人税等」を差し引いて、⑤「**税引後当期純利益**」となります。

5つの利益の中でどの利益が一番大事かと言えば、最終的に会社に残り、内部留保として積み上げられる「税引後当期純利益」ですが、見る人によって、あるいは分析の仕方によって重視する利益は変わってきます。

たとえば、銀行員なら、「営業利益」と「経常利益」を重視します。税理士や保険パーソンなら、（良し悪しは別にして）節税対策のために「税引前当期純利益」を見るでしょう。

しかし本当は、経営判断に資する最も大事な利益は「粗利」すなわち「売上総利益」なのです。「粗利」は会社の付加価値（※注①）でもあり、他社との差別化ポイントにつながります。「売上総利益率」という収益性をみる財務指標がありますが、業界平均値と比較したときに上回っていれば、同業他社と比べて付加価値が高いと言えるでしょう。

たとえば、卸売業の売上総利益率の平均値が15％で、お客様の売上総利益率が18％だったとしたら、あなたは社長に何と言いますか？

「業界平均値より3％も高いなんて、社長、さすがですね。それだけ御社の付加価値が高いということだと思いますが、どのように他社との差別化を図ってらっしゃるんですか？きっと、投資の仕方や経費の使い方に御社ならではの工夫があると思うのですが。」と聞いてみたら、決算書を預かれるかもしれませんね。

※（注意①）
　売上総利益と付加価値は厳密には違うので注意。

　また、営業利益率や経常利益率には目安となる数字があるが、売上総利益率は業界やビジネスモデルによって幅が大きいので注意する。必ず業界平均値と比較する。

　このように、社長は、右脳と左脳を使って、自己資金と他人資金のバランスを取りながらどうやってお金を集めるか、「売上と利益」を上げるために何にお金を使うか、資産を買うのか経費を使うのか、を常に考え、グルグルとお金を回転させているのです。

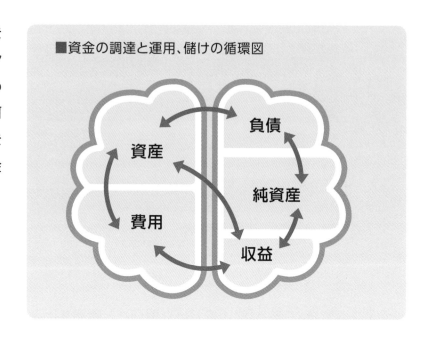

■資金の調達と運用、儲けの循環図

(3)利益でつながるBSとPL

　BSとPLは、それぞれ単独で見るのではなく一体で見るということを前述しましたが、実は、BSとPLは利益でつながっているのです。PLの「収益—費用＝利益」ですが、最終利益である「税引後当期純利益」が「純資産」の部の「繰越利益剰余金」につながり、積み上げられていくのです。ですので、利益が残れば、純資産は膨らみます。BSは左右バランスしますので、純資産が膨らめば、その分、資産が増えるか負債が減ることになります。前者なら、現預金が増えたり、売掛金が増えたりすることでしょう。後者なら借入金の元金返済が進み残高が減っていることになるわけです。

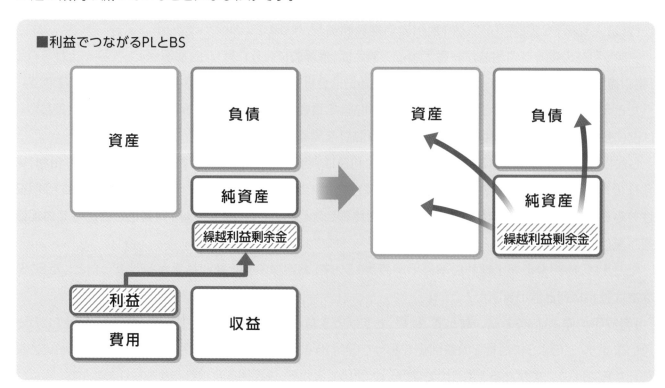

■利益でつながるPLとBS

　決算書の構造を理解するポイントは、このBSとPLのつながりを理解することですが、このつながりが理解できれば、「お金の流れ」がイメージできます。「お金の流れ」とは、次のようなイメージです。

①手元資金1,000万円で会社を設立して預金口座を作成します。

〈資産〉		〈負債〉	
預　金	1,000万円		
		〈純資産〉	
		資本金	1,000万円
〈費用〉		〈収益〉	

②銀行から1,000万円借り入れて預金口座に入れます。

〈資産〉		〈負債〉	
預　金	2,000万円	借入金	1,000万円
		〈純資産〉	
		資本金	1,000万円
〈費用〉		〈収益〉	

③業務に必要なパソコンなどの備品を購入し、預金口座から100万円支払います。

〈資産〉		〈負債〉	
預　金	1,900万円	借入金	1,000万円
備　品	100万円	〈純資産〉	
		資本金	1,000万円
〈費用〉		〈収益〉	

④仕入先から商品を800万円で仕入れて預金口座から支払います。

〈資産〉		〈負債〉	
預　金	1,100万円	借入金	1,000万円
備　品	100万円	〈純資産〉	
商　品	800万円	資本金	1,000万円
〈費用〉		〈収益〉	

⑤商品を販売するために、広告宣伝を行い広告宣伝費として100万円支払います。

〈資産〉		〈負債〉	
預　金	1,000万円	借入金	1,000万円
備　品	100万円	〈純資産〉	
商　品	800万円	資本金	1,000万円
〈費用〉		〈収益〉	
広告宣伝費	100万円		

⑥社員に給料を100万円支払います。

〈資産〉		〈負債〉	
預　金	900万円	借入金	1,000万円
備　品	100万円	〈純資産〉	
商　品	800万円	資本金	1,000万円
〈費用〉		〈収益〉	
広告宣伝費	100万円		
給　料	100万円		

⑦商品が1,500万円で売れたので預金口座に1,500万円入金されました。

〈資産〉		〈負債〉	
預　金	2,400万円	借入金	1,000万円
備　品	100万円	〈純資産〉	
		資本金	1,000万円
		〈収益〉	
		売　上	1,500万円
〈費用〉			
仕　入	800万円		
広告宣伝費	100万円		
給　料	100万円		

※売上が計上された時点で商品（在庫）が仕入（費用）に置き換わります。

⑧このとき、費用の合計1,000万円と売上との差である500万円が利益となり、BSの純資産の繰越利益剰余金に積み上げられるので、資産の合計は2,000万円から2,500万円に増えることになります。

〈資産〉		〈負債〉	
預　金	2,400万円	借入金	1,000万円
備　品	100万円	〈純資産〉	
		資本金	1,000万円
		繰越利益余剰金 500万円	

利　益	500万円	〈収益〉	
〈費用〉		売　上	1,500万円
仕　入	800万円		
広告宣伝費	100万円		
給　料	100万円		

いかがでしょうか。これが取引の一連の流れで、実際にはグルグルと何回転もするというわけです。

こうしてみると、取引の度に「預金」は常に動いています。まさに「お金」がさまざまな勘定科目に変化してBSとPLを循環している様子がイメージできるのではないでしょうか。また、お金の流れとしては、BSとPLの内部での循環だけでなく外部との出入りもあることもイメージしておきたいところです。先ほどの例でいうと、借入や売上として、外からお金が入ってきて、費用として外に出ていくイメージです。そして、収益と費用の差である利益（場合によっては損失）が、繰越利益剰余金としてBSとのブリッジになるイメージです。

このようにPLとBSは利益でつながっているというイメージを持つと決算書の構造は理解しやすくなります。

3 決算書はパターン化してイメージする

決算書の構造（BSの見方、PLの見方、両者のつながり）が分かったところで、会社の状態を把握するのに、いくつかの典型的なパターンがあることを覚えておくと便利です。決算書の主要な勘定科目だけを抜き出し、簡易図を描いてみるとイメージしやすくなります。お客様の前で白紙やホワイトボードを使って、「たとえば、健康なBSのイメージはこのようになります。一方、病気になっているBSのイメージはこうです。御社の場合はいかがですか?」と説明すれば、「ウチのも見てよ。」と、決算書が出てくる可能性も上がるかもしれません。

(1) 健康なBSのイメージ

会社を人間に例えるならば、BSは耐える力、「忍耐力」を表しています。

まず、最初に見るのは自己資本比率です。BSの右側の割合のことで、自己資本÷総資本で算出します。人間の身体に例えるならば、脂肪と筋肉で分けた場合の筋肉の割合のことになります。このケースだと30%です。健康体の目安は30%以上。40%以上あれば筋肉質の経営体質といえます。銀行取引の視点でみれば無担保融資の入り口になる指標です。

次に見るのは、流動比率（流動資産÷流動負債）です。資金繰りの状態を示します。このケースは150%です。目安は150%以上、できれば200%以上ほしいところです。

このケースように、自己資本比率30%、流動比率150%あれば、まあ健康な状態だと言えるでしょう。

ただし、自己資本の内訳はチェックしておきたいところです。自己資本は「資本金」と利益の積み増しである「繰越利益剰余金」の2つに分かれますが、たとえ自己資本比率が30％を超えていたとしても、繰越利益剰余金が少なかったり、マイナスだったりする場合は要注意です。最近病気になったか、過去に病気を患ってまだ完全に治りきってない状態だと思われます。元々体力があるので健康そうに見えているだけかもしれません。

（2）病気のBSイメージ　その1「過少資本」

　自己資本比率が10％です。自己資本比率の平均は中小企業庁の調査報告などによると30～40％となっていますが、現場の肌感覚だと、中小企業の実態は15％前後くらいのイメージです。自己資本比率は、10％切ったら赤信号です。銀行のランク付けでも15％を切ったら点数がつきません。多くの中小企業がこの状態にあるのが現状だと思います。

　次に見るのは資金繰りの状態を示す流動比率でしたね。このケースだと71％です。流動比率は100％を切ったらダメです。なぜかというと、1年以内に入ってくるお金（流動資産）と、1年以内に支払うお金（流動負債）を比べたときに後者の方が多い状態（流動資産　＜　流動負債）だからです。このままだと1年以内に資金ショートになってしまいます。

　このような病気の決算書を見つけたら、固定資産の中の保険積立金を確認します。あるいは全損定期保険で簿外資産を持っているケースもあります。その場合は、解約して現金化し、借入金や買掛金と相殺することで、固定資産と流動負債を圧縮し、健康な状態に持っていけるかもしれません。

（3）病気のBSイメージ　その2「債務超過」

　健康なパターンと軽い病気のパターンを見てきましたが、今回のケースは重症です。病名は「債務超過」です。先の2つのケースは純資産が右側にありました。「資産超過」の状態です。今回は左側にあります。なぜかというと、純資産がマイナスだからです。この状態を「債務超過」といいます。

　自己資本比率はマイナスなので算出できません。流動比率は80％ですので、やはり1年以内に資金ショートの可能性があります。

　このような決算書の会社を見つけたら一刻も早く治療をしないと大変なことになってしまいます。中小

企業の約10％が債務超過だと言われていますが、実は、「隠れ債務超過」の会社も加えると25％くらいあると思われます。さらにはコロナ禍の経済活動縮小により、「隠れ債務超過」の会社は3社に1社以上あるかもしれません。

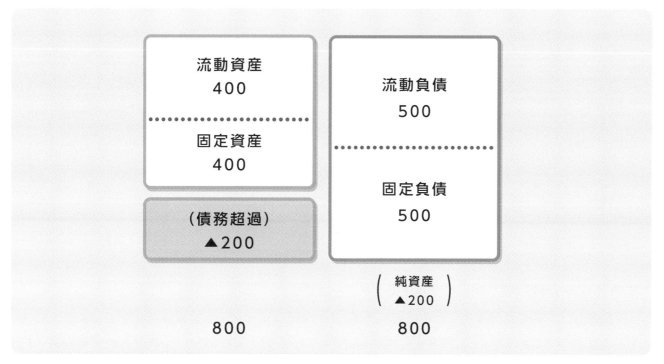

（参考）2021年4月の「東京商工リサーチ」の調査によると、資本金が1億円未満の中小企業では、「コロナ前から債務が過剰」13.2％、「コロナ後に債務が過剰」21.8％で、合わせて35％が「債務が過剰」と感じている。

（4）病気のBSイメージ　その3「過剰在庫」

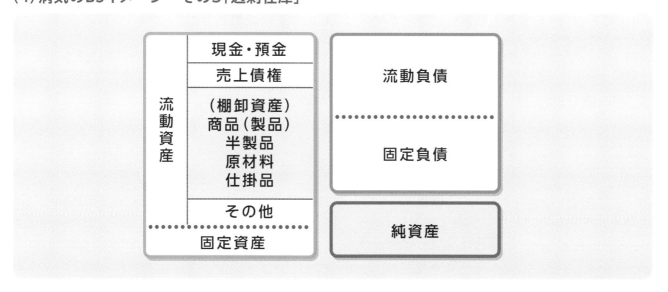

　今回のケースは、流動資産の内訳まで踏み込んでチェックします。商品や原材料などの棚卸資産が多すぎるパターンです。いわゆる「過剰在庫」状態です。過剰在庫がなぜ良くないのか。なぜなら、在庫にはコストが発生するからです。例えば、在庫を保管しておくためのスペースの賃借料や光熱費。管理する人件費や保険料もかかります。また、在庫は時間が経つと減耗したり陳腐化します。その結果、売れ残れば「不良在庫」となってしまいます。そうなると最終的には処分するしかありませんが、処分するにも廃棄コストが発生します。

そもそも本当にこの在庫はあるのでしょうか。長い間倉庫の奥の方で眠ってる箱の中身が、実は空っぽだった、という笑えない話も結構耳にします。意図的に「架空在庫」を計上している場合は粉飾です。

(5) 病気のBSイメージ　その4「悪の3勘定」

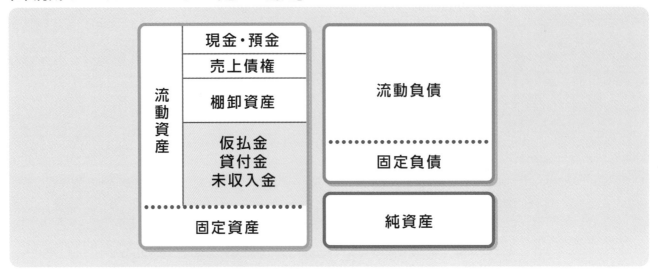

このケースも流動資産の内訳に問題があるパターンです。

「仮払金」とは、後で精算することを前提に先渡ししたお金のことで、出張費などが該当します。つまり、とりあえず資産ではあるものの、費用としてすぐに消えてしまうものなのです。少額であれば問題ありませんが、使途不明金で精算のしようがないものが多額に計上されている場合は要注意です。

「貸付金」はもっとやっかいです。誰に、何の目的で貸しているのでしょうか。利息はもらっているのでしょうか。返済はされているのでしょうか。そもそも自己資本の範囲内であればまだしも、借入金がある状態で貸し付けるということ自体が「又貸し」していることと同じことになります。

「未収入金」とは、営業活動以外の取引で発生したもので未回収のお金のことです。流動資産なのですから1年以内に全額返してもらうべきお金なのですが、現実はそうなっていないことが多いようです。

この3勘定は、銀行から見れば、貸したお金が本業以外に使われることを意味するので非常に嫌がります。俗に「悪の3勘定」などと言いますが、なるべく早く解消したいものです。

(6) 健康なPLのイメージ

売上高	500
原価	350
売上総利益	150
販売費及び一般管理費	120
営業利益	30
支払利息	3
経常利益	27
税引前当期純利益	27
法人税等	11
税引後当期純利益	16

病気の症状はBSに多く表れるものですが、「儲けの状況」を表すPLのパターンも見ておきましょう。
見るポイントは「売上高」、「営業利益」、「経常利益」の3点。

まずは売上高営業利益率（営業利益÷売上高）、このケースは6%です。5%以上あれば健康だと言えます。

次いで経常利益率（経常利益÷売上高）は、5.4%です。3%以上、できれば4%以上あれば健康です。

営業利益と経常利益は、銀行も重視する利益で、この2つが2期連続で赤字になると追加融資は原則として出ないことになります。

(7) 病気のPLイメージ　その1

売上高	500
原価	350
売上総利益	150
販売費及び一般管理費	120
営業利益	30
支払利息	10
経常利益	20
税引前当期純利益	20
法人税等	8
税引後当期純利益	12

営業利益率は6%、経常利益率は4%で、一見、儲かっていて健康そうに見えますが、何処が病気なのでしょうか。このケースは、「支払利息　10」が問題です。数字が大きすぎます。単位を百万円として考えてみると、利息を年間1000万円支払っていることになります。いったい借入金の残高はいくらあるのでしょうか？　仮に、平均金利1.5%とすると6億6667万円の借入残高があることになります（1000万円÷1.5%＝6億6667万円）。年商が5億円ですから、年商の1年分以上もの借入があることになります。税引後当期純利益が1200万円なので、この調子だと借金の完済まで56年かかることになります。（※減価償却費も返済原資にはなりますが、本事例では不明なので考慮していません。）こんな状態のまま、もし経営者に万一が起きたらと思うとゾッとします。

このような決算書を見つけたら、BSで借入金を確認し、保険積立金などの資産や、簿外資産をチェックします。換金できれば借入金を少しでも圧縮し、借換も検討します。同時に経営者の万一に備えて、収入保障保険などでアテンドします。

(8) 病気のPLイメージ　その2

売上高	500
原価	350
売上総利益	150
販売費及び一般管理費	160
営業利益	−10
支払利息	5
経常利益	−15
税引前当期純利益	−15
法人税等	0
税引後当期純利益	−15

営業利益も経常利益も赤字です。この状態が2期連続だったとしたら早急に手を打たなければなりません。

原因は、粗利に対して販管費が多すぎることにあるようです。

こういうケースでは、経費の内訳を詳細にチェックします。そもそも「販売費及び一般管理費」と一緒くたになっていますが、同じ経費でも「販売費」と「一般管理費」では意味が違います。「販売費」は売上を上げるのに必要な経費で、売上と連動するはずです。「一般管理費」は本社の総務や経理などのいわゆる管理費で、売上とは連動しない固定費です。前者を「未来経費」、後者を「現状維持経費」と言ってもいいでしょう。だとすれば、現状維持経費である一般管理費からメスを入れるべきでしょう。もちろん他にも無駄な経費を見つけてカットしなければなりません。経費の中には見直すべき保険もあるかもしれません。

4 資金繰り表も押さえておく

ここまで、「決算書の見方」としてBSとPLを中心に学んできましたが、お金の流れを把握するためには、実はBSとPLを見るだけでは不十分です。なぜなら、「　利益　≠　キャッシュ　」だからです。ややこしいことに利益の動きとキャッシュの動きは一致しないのです。利益も大事ですが、キャッシュはもっと大事です。会社は利益がなくてもキャッシュがあれば潰れませんが、利益が出てもキャッシュがなければ潰れてしまいます。同様に、利益が出ていてもキャッシュがなければ保険料は支払えないのです。ですから、キャッシュすなわち「現金・預金」の動きが分かる資料を、別途チェックする必要があるのですが、キャッシュフロー計算書（CS）の作成義務がない中小企業では「資金繰り表」がそれに該当します。ところが、実際には資金繰り表の作成をしている中小企業は少なく、また顧問税理士も、資金繰り表の作成をアドバイスすることはほとんどなく、銀行に提出を求められたときに作成するくらいでしょう。

お金の流れを把握するのに重要な資金繰り表ですが、あまり作成されていないのが現実で、それゆえに資金管理が上手くいかず、「勘定合って銭足らず」や、「黒字倒産」が起こったりしているといえます。逆に言えば、資金繰り表の作成・アドバイスができれば、しっかりとした資金管理ができるようになるので経営者に感謝されるのは間違いありません。

（1）「勘定合って銭足らず」とは何か。「黒字倒産」はなぜ起きるのか。

ところで、会社は赤字でもお金があれば倒産しませんが、黒字でもお金が無くなったら倒産してしまいます。

いわゆる「黒字倒産」という状態です。

俗にいう「勘定合って銭足らず」や「黒字倒産」がなぜ起こるか、説明できますか。

次のような事例をイメージしてみましょう。

ある会社で、1年間の「売上高」が1億円。

「売上原価」と、「販売費及び一般管理費」の合計が8000万円なので、「営業利益」は2000万円。

他に収益も費用もないので、「税前利益」は2000万円です。

ところが、売上の大半が期末に集中したので、当期中に現金で回収できたのは3000万円、残り7000万円は未回収（「売掛金」）です。

一方、支払いは当期中に6000万円で、残り2000万円は来期の支払い（「買掛金」）です。

■「PLの動き」「キャッシュの動き」

●PL	（百万円）
売上高	100
原価＋販売費	80
営業利益	20
税前利益	20

●キャッシュの動き	（百万円）
収入	30
支出	60
収支	▲30

　このケース、当期中に3000万円のキャッシュが入ってきますが、一方で6000万円のキャッシュが出ていきます。

　なんと、支払いに3000万円足りないのです。不足分は銀行から借りるしかありません。

　しかもPL上は2000万円の利益が出ているので、600万円の法人税も納めなければなりません。（※税率30％で計算）

　もし、この会社の手元にキャッシュがなく、しかも銀行が貸してくれなければ、それこそ「黒字倒産」です。

（2）利益とキャッシュの動きの不一致

　なぜこのようなことが起きるのでしょうか。

　原因のひとつに、決算書を作成する際の法人会計で採用されている「発生主義」があります。

　発生主義とは、キャッシュの動きに関係なく、収入や支出を発生させる事実が起きた時に会計処理を行う事を言います。

　例えば、現金商売の文房具屋さんをイメージしてみましょう。文房具の仕入れが発生した時に「資産」に計上します。仕入れた文房具はしばらく店頭に並んでいることでしょう。「在庫」という状態です。そして、文房具が売れた時に「売上高」に計上しますが、このときに、これまで「資産」に計上されていた文房具は「仕入」という「費用」として認識され、「利益」が発生することになります。一連の流れを振り返ってみると、文房具を仕入れた段階で先行してキャッシュを支払っていますから、「キャッシュ」の支出と「費用」の計上にタイミングのズレが生じていることが分かります。

■現金支出と費用計上

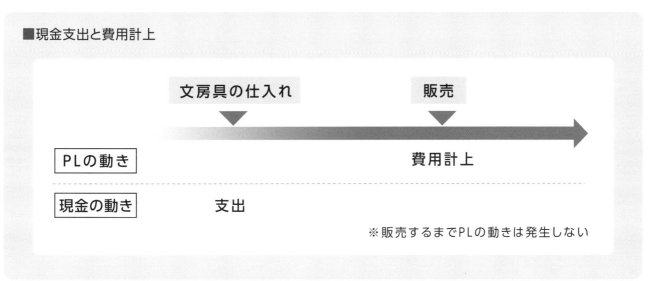

また、「信用取引」にも原因があります。

信用取引とは、掛け取引（売掛金、買掛金）や手形取引（受取手形、支払手形）のことですが、「発生主義」により、「売上高」として計上しても、売掛金や受取手形であれば、現金が入ってくるのは先のことになってしまいます。

そして、何よりも「借入金の元金返済」の存在があります。どういうことか？なぜなら、社長がよく目にする損益計算書には表れない支出のため意識しにくいからなのです。

たとえば、税引き後の当期純利益で1,000万円あったとしても、仮に毎月100万円の借入金の元金返済をしていれば、年間1,200万円の支出があることになります。この時点で、損益計算書上は1,000万円の黒字なのにキャッシュは200万円不足している状態です。

（3）資金繰り表でキャッシュの動きを管理する

ですので、損益計算書とは別に「資金繰り表」で現金の動きを管理しておく必要があるのです。

資金繰り表とは、会社のお小遣い帳のようなもので、主な目的は「一定期間の収入・支出の結果、月末の現預金残高がいくらになるのかを管理すること」です。適切に作成することで、資金計画・実績が可視化され、資金ショートを防げるなど、さまざまなメリットがあります。

資金繰り表については、第6章で改めて説明します。

■資金繰り表のイメージ

【単位/千円】

年 \ 月	令和3年 4月予定	5月予定	6月予定		令和4年 1月予定	2月予定	3月予定	累計
前 月 よ り 繰 越	36,756	13,822	141,651		98,764	91,322	77,001	―
現 金 売 上	11,348	13,271	17,595		19,835	19,835	20,910	202,897
売 掛 金 回 収	4,061	6,522	7,710		15,123	16,262	16,262	140,077
カ ー ド 売 掛 金 回 収	16,002	19,366	24,602		31,664	33,150	34,310	322,239
そ の 他 収 入	21,560	28,560	560		560	560	560	55,720
≪ 経 常 収 入 ≫	52,971	67,718	50,466		67,181	69,806	72,041	720,932
現 金 仕 入	0	0	20		0	0	0	0
買 掛 金 支 払 （ 振 込 ）	8,625	11,089	12,940		17,573	18,892	19,154	183,116
人 件 費 （ 給 与 ・ 賞 与 ）	15,085	15,611	17,970		21,928	22,710	23,711	224,658
社 会 保 険 料 （ 預 り 金 ）	0	0	0		3,153	3,078	3,168	17,164
労 働 保 険 料 （ 預 り 金 ）	1,200	750	0		0	0	0	2,700
市 県 民 税 （ 預 り 金 ）	1,400	1,400	1,400		1,600	1,600	1,600	18,000
地 代 家 賃	4,554	4,788	5,738		7,223	7,223	7,598	74,402
経 費	9,888	10,925	11,979		16,981	18,465	18,183	160,210
保 険 料	196	196	196		196	196	196	2,352
支 払 利 息	588	590	585		559	553	551	6,849
租 税 公 課	408	408	408		408	408	408	4,896
未 払 消 費 税 等	0	0	4,000		0	6,000	0	22,000
未 払 法 人 税 等	0	250	0		0	0	0	250
そ の 他 経 費	0	0	0		0	0	0	0
≪ 経 常 支 出 ≫	41,943	46,007	55,235		69,621	79,125	74,569	716,597
【 経 常 収 支 】	11,028	21,711	-4,769		-2,440	-9,319	-2,528	4,335
								0
≪ 設 備 収 入 ≫	0	0	0		0	0	0	0
店 舗 撤 退 費 用	30,000							30,000
								0
≪ 設 備 支 出 ≫	30,000	0	0		0	0	0	30,000
【 設 備 収 支 】	-30,000	0	0		0	0	0	-30,000
A 銀 行		100,000						100,000
B 銀 行		10,000						10,000
≪ 財 務 収 入 ≫	0	110,000	0		0	0	0	110,000
C 銀 行	2,404	2,324	2,195		3,444	3,444	3,444	32,924
D 銀 行	617	617	617		617	617	617	7,404
E 銀 行	111	111	111		111	111	111	1,332
A 銀 行	0	0	0		0	0	0	0
B 銀 行	830	830	830		830	830	830	9,960
≪ 財 務 支 出 ≫	3,962	3,882	3,753		5,002	5,002	5,002	51,620
【 財 務 収 支 】	-3,962	106,118	-3,753		-5,002	-5,002	-5,002	58,380
次 月 繰 越	13,822	141,651	133,129		91,322	77,001	69,471	―

第 **4** 章
決算書の「読み方」

1 （読み方・その1）決算書の速読トレーニング方法

第3章では、「決算書の見方」として、BSとPLのつながりという観点から「決算書の構造」について確認しました。また、BSとPLの典型的なパターンをイメージとして捉える見方をご紹介しました。そして、利益とキャッシュの動きは一致しないので、BSとPLだけでなく資金繰りも併せてチェックする必要があることを学びました。第4章では、いよいよ決算書の「読み方」についてご説明します。今からお伝えする「型」を学んで、決算書をたくさん読むトレーニングをすることで、「財務力」は確実に身に付いてきます。

まず本節では、決算書を簡易的に把握する方法と、その際のBS、PLの見るべきポイントをお伝えします。

(1) 20分、7:3の法則

決算書を読み解けるようになるには、当り前ですが、たくさんの決算書に触れる必要があります。その際、ただ漫然と眺めるのではなく、次のことを意識して取り組むことで、「財務脳」が刺激され、「財務力」が身に付いてきます。

> 決算書を読み解けるようになるために
> ## 意識した取り組み
>
> - 1社あたり20分で読む
> - BS：PL ＝ 7：3 の時間配分で読む

言わば、決算書の速読トレーニング法です。客先で急に決算書を目にしても、ポイントを押さえたコメントができるようになるためにも必要なトレーニングになります。「7：3」というのは、PLよりBSの方が情報量が多いからです。ストップウォッチで計りながら50社くらい取り組むと、かなり「財務力」が身に付きます。もちろん、事業再生やM&Aでデューデリジェンスを行う場合など詳細分析が必要な場合は時間をかけて徹底的に見ていきますが、あくまでも簡易的な把握ですので20分で読めるようトレーニングしてください。簡易把握とはいえ、漫然と読んではいけません。目的を持って仮説というアウトプットを意識しつつ読むことで、ポイントを押さえた読み方ができるようになります。

簡易把握の目的は次の3つになります。

> ①会社の状態がどうなっているのかを知る
> ②資金繰りがどうなっているかを把握する
> ③資金繰り改善面で即効性の高い戦術としての施策を探る　（たとえば、銀行融資や保険の見直し）

慣れないうちは大変かもしれませんが、トレーニングすることで読めるようになります。

客先で決算書を簡易的に読めるようになれば、決算書をお預かりできる確率は確実に上がりますし、次回訪問以降の詳細分析や保険提案につながる可能性は高くなります。

(2) 決算書を読む前の事前準備

読む前の事前準備として、決算書を3期分、マーカー3色、電卓を用意します。用意したら、次の勘定科目と金額をマーキングします。

　まずは、BS項目のマーキングです。1色目で、「貸借対照表」の勘定科目のうち、①現金預金、②保険積立金、③短期借入金と長期借入金、④純資産合計をマークします。2色目は、⑤流動資産合計、⑥流動負債合計、⑦固定資産合計、⑧固定負債合計、⑨負債合計、⑩負債・純資産の部合計です。

貸借対照表

（令和4年3月31日現在）

（会社名）＊＊＊＊　　　　　　　　　　　　　　　　　　　　　　　　　　　　（単位：円）

	科目	金額	科目	金額	
	＜資産の部＞		＜負債の部＞		
⑤	【流動資産】	147,150,000	【流動負債】	115,500,000	⑥
①	現金及び預金	50,000,000	支払手形	8,000,000	
	受取手形	10,000,000	買掛金	40,000,000	
	売掛金	40,000,000	短期借入金	30,000,000	③
	棚卸資産	45,000,000	1年以内返済長期借入金	10,000,000	
	短期貸付金	2,000,000	未払金	9,000,000	
	前払費用	150,000	未払費用	1,200,000	
			未払法人税等	5,000,000	
⑦	【固定資産】	173,570,000	未払消費税	10,000,000	
	（有形固定資産）	152,500,000	預り金	2,000,000	
	建物	15,000,000	借受金	300,000	
	構築物	3,500,000			
	設備	8,000,000	【固定負債】	135,000,000	⑧
	車両運搬具	5,000,000	役員借入金	5,000,000	
	什器備品	1,000,000	長期借入金	110,000,000	③
	土地	120,000,000	退職給付引当金	20,000,000	
	（無形固定資産）	570,000	負債合計	250,500,000	⑨
	ソフトウェア	500,000			
	電話加入権	70,000	＜純資産の部＞		
			【株主資本】	70,220,000	
	（投資その他の資産）	20,500,000	（資本金）	10,000,000	
	投資有価証券	2,000,000	資本金	10,000,000	
	出資金	2,500,000	（利益剰余金）	60,220,000	
	長期貸付金	3,000,000	利益準備金	2,000,000	
②	保険積立金	13,000,000	繰越利益剰余金	58,220,000	
			純資産合計	70,220,000	④
	資産合計	320,720,000	負債・純資産合計	320,720,000	⑩

3色目は、PL項目になりますが、「損益計算書」だけでなく「販売費及び一般管理費」も併せてチェックすることになります。⑪売上高、⑫減価償却費、⑬営業利益、⑭支払利息、⑮経常利益をマーキングしてください。図表は小売業や卸売業、サービス業のケースです。製造業や建設業、運送業の場合は、⑫減価償却費は「販売費及び一般管理費」の中だけでなく「製造原価報告書」の中にもあるので忘れないようにしてください。

	損益計算書		
	自 令和3年4月1日		
	至 令和4年3月31日		

（会社名）＊＊＊＊　　　　　　　　　　　　　　　　（単位：円）

科目	金額		
【売上高】			
売上高	480,000,000	480,000,000	⑪
【売上原価】			
期首棚卸高	40,000,000		
商品仕入高	290,000,000		
（合　計）	330,000,000		
期末棚卸高	45,000,000	285,000,000	
売上総利益		195,000,000	
【販売費及び一般管理費】		168,800,000	
営業利益		26,200,000	⑬
【営業外収益】			
受取利息	100,000		
雑収入	100,000	200,000	
【営業外費用】			
⑭ 支払利息	2,500,000		
雑損失	300,000	2,800,000	
経常利益		23,600,000	⑮
【特別利益】			
固定資産売却益	1,500,000	1,500,000	
【特別損失】			
役員退職金	20,000,000	20,000,000	
税引前当期純利益		5,100,000	
法人税等		1,683,000	
当期純利益		3,417,000	

	販売費及び一般管理費	
	自 令和3年4月1日	
	至 令和4年3月31日	

（単位：円）

科目	金額	
役員報酬	24,000,000	
給料手当	48,000,000	
賞与	8,000,000	
退職給付費用	3,000,000	
法定福利費	12,400,000	
福利厚生費	1,500,000	
消耗品費	3,000,000	
事務用品費	4,000,000	
地代家賃	12,000,000	
保険料	3,600,000	
租税公課	1,000,000	
減価償却費	4,800,000	⑫
旅費交通費	5,000,000	
通信費	3,000,000	
水道光熱費	3,000,000	
運賃	6,000,000	
広告宣伝費	12,000,000	
接待交際費	5,000,000	
会議費	2,000,000	
教育訓練費	2,000,000	
採用費	1,500,000	
雑費	4,000,000	
合計	168,800,000	

事前準備ができたら、マーキングした勘定科目を中心に次の手順で見ていきます。

(3) PLを6分で読む

まずは、⑪～⑮の勘定科目をチェックします。

⑪「売上高」:人間に例えると身長です。12か月で割って「月商」を計算しておきます。

⑫「減価償却費」:キャッシュフローにつながります。製造原価報告書の中にもありますので見落とさないように。

⑬「営業利益」:本業の儲けです。銀行から見れば、利息の支払い能力になります。

⑭「支払利息」:多すぎないかチェックします。BSの借入残高と併せて見ることで金利水準の推定もできるようになります。

⑮「経常利益」:会社の総合力です。銀行は、長期借入金の元金の返済能力と見ます。

なお、マーキングはしませんが、今後、生命保険を提案するのであれば重要になってくるので、「役員報酬」、「給料手当」など人件費も押さえておくといいでしょう。

次に、(A)～(D)の指標を計算します。

(A) 営業利益率(%) ＝ 営業利益 ÷ 売上高 ×100

(B) 経常利益率(%) ＝ 経常利益 ÷ 売上高 ×100

(C) インタレスト・カバレッジ・レシオ(倍) ＝ 営業利益 ÷ 支払利息 ※

(D) フリー・キャッシュ・フロー(FCF)(円) ＝ 経常利益 － 法人税等 ＋ 減価償却費

営業利益率の目安は、業種に関係なく5%以上あればOKです。同様に、経常利益率は3%以上あればOKです。

インタレスト・カバレッジ・レシオとは、営業利益で利息の何倍まで支払うことができるかを見る指標で、借入金の利息のストレス耐性を表しています。6倍以上あれば合格です。この3つの指標が目安をクリアしていれば、運転資金であれば、無担保で借りられる可能性は高くなります。

FCFとは、借入金の元金の返済原資であり、翌年以降の保険料の支払い原資になる可能性のある自由に使えるお金になります。ただし、BSを見るまでは早計に判断しないでください。

※厳密には、(営業利益＋受取利息＋受取配当金) ÷ (支払利息＋支払配当金)

(4) BSを14分で読む

まずは、月商とFCFをBSに転記します(上下にはさみうち)。このとき千円未満もしくは百万円未満を四捨五入します。

転記する理由は、BSを中心に、現状把握と戦略の仮説を考えるためです。BSの分析を行うのに必要な情報(月商とFCF)をBSに転記することで、PLに手戻りすることなくBSを読むことに集中できます。決算書を読みなれていない人は、BSとPLを行ったり来たり、決算書をペラペラめくっているので、一目で、読み慣れていないことがバレてしまいます。

ちなみに、月商を出すというのは、銀行業界の文化で、生保損保業界の人にはあまり馴染みがないかもしれません。しかし、借入金と生命保険は関連性が大きいので、借入金額が適正かどうかを判断する意味でも、BSを読む前に月商を出しておくことが大切なのです。

■月商とFCFをBSに転記（はさみうち） 下の例では、千円単位で記入

貸借対照表

（令和4年3月31日現在）

（月商）40,000

（会社名）＊＊＊＊   （単位：円）

	科目	金額	科目	金額	
	＜資産の部＞		＜負債の部＞		
⑤	【流動資産】	147,150,000	【流動負債】	115,500,000	⑥
①	現金及び預金	50,000,000	支払手形	8,000,000	
	受取手形	10,000,000	買掛金	40,000,000	
	売掛金	40,000,000	短期借入金	30,000,000	③
	棚卸資産	45,000,000	1年以内返済長期借入金	10,000,000	
	短期貸付金	2,000,000	未払金	9,000,000	
	前払費用	150,000	未払費用	1,200,000	
			未払法人税等	5,000,000	
⑦	【固定資産】	173,570,000	未払消費税	10,000,000	
	（有形固定資産）	152,500,000	預り金	2,000,000	
	建物	15,000,000	借受金	300,000	
	構築物	3,500,000			
	設備	8,000,000	【固定負債】	135,000,000	⑧
	車両運搬具	5,000,000	役員借入金	5,000,000	
	什器備品	1,000,000	長期借入金	110,000,000	③
	土地	120,000,000	退職給付引当金	20,000,000	
	（無形固定資産）	570,000	負債合計	250,500,000	⑨
	ソフトウェア	500,000			
	電話加入権	70,000	＜純資産の部＞		
			【株主資本】	70,220,000	
	（投資その他の資産）	20,500,000	（資本金）	10,000,000	
	投資有価証券	2,000,000	資本金	10,000,000	
	出資金	2,500,000	（利益剰余金）	60,220,000	
	長期貸付金	3,000,000	利益準備金	2,000,000	
②	保険積立金	13,000,000	繰越利益剰余金	58,220,000	
			純資産合計	70,220,000	④
	資産合計	320,720,000	負債・純資産合計	320,720,000	⑩

（FCF）26,717

マークした次の勘定科目（項目）をチェックします。

①現金及び預金

②保険積立金

③短期借入金・長期借入金

④純資産の部合計

⑩負債・純資産の部合計

たった5つの項目ですが、これらの中に生命保険提案につながる大事な材料が含まれています。例えば、次のようなテーマが考えられます。

①現金預金であれば、保険料を今後継続して支払えるのかどうか。

②保険積立金（長期前払保険料）であれば、資金繰り改善、保障の見直しニーズ。

③短期借入金・長期借入金であれば、事業保障、連帯保証債務対策。

④純資産の部合計であれば、事業承継、株価対策。

もちろん、それぞれの勘定科目の内訳や科目間のバランスを見ていかなければ詳細な把握はできませんし、その後の経営者へのヒアリングなくして根拠に基づいた保険提案には至りませんが、大まかな仮説・戦略立案は充分に可能な大事な勘定科目になります。

続いて、(E)〜(I)の指標を計算します。

(E) 手元流動性　　（月）　＝　現金預金合計　÷　月商

(F) 借入月商倍率　（月）　＝　（短期借入金＋長期借入金）　÷　月商　　　※役員借入金は除外

(G) 流動比率　　　（%）　＝　流動資産合計　÷　流動負債合計　×100

(H) 自己資本比率　（%）　＝　純資産の部合計　÷　負債・純資産の部合計　×100

(I) 総資本回転率　（回転）＝　売上高　÷　負債・純資産の部合計

「手元流動性」とは、「すぐに使えるお金が月商の何か月分あるか」を見る指標です。企業は利益が出ていてもお金が無くなると倒産するので、倒産危険度を表しているともいえるでしょう。手元流動性が高いほど安全性が高いと判断できますが、逆に高すぎると資金の有効活用ができていないと見られます。目安は、2か月以上であればOKです。

「借入月商倍率」とは、「借入金の残高が月商の何倍あるか」を見る指標です。借入金には役員借入金などは含めません。運転資金のみで3か月以内が目安です。忙しい経営者は、決算書の詳細までは把握していないことも多いですが、自社の平均月商と借入金の残高は把握しているものです。経営者の頭に入っている2つの数字で借金が多いのか少ないのか判断できる借入月商倍率は、単純ですが重要な指標です。

「流動比率」とは、「1年以内に現金化できる資産が、1年以内に返済すべき負債をどれだけ上回っているか」を見る指標です。会社の短期的な支払い能力や資金繰りの状態、すなわち安全性が分かります。150%以上が目安で、100%未満の場合は支払い能力に不安があり、要注意です。

「自己資本比率」とは、総資本（負債・純資産の部合計）のうち、返済の必要のない自己資本の割合のことで、会社の安全性を見る指標として最も基本的かつ重要です。気にしている経営者は多いです。30%以上が目安です。

「総資本回転率」とは、総資本に対する売上高の割合のことで、現預金や固定資産など会社の資産をいかに有効に活用して効率的に売上を上げているかを表します。総資本回転率を上げるには、売上高を増やすか、資産を減らすかになりますが、通常、売上高を増やすのはなかなか大変です。景気や得意先の状況など外部環境の影響に大きく左右されるからです。一方、資産を減らすことは経営者の判断で可能です。この時、売上に貢献しない不要な資産を売却したり、棚卸分析を元に不要な在庫を処分することが大事なことは言うまでもありません。

(5) 決算書を読む際の留意点（財務脳の作り方）

ここまで「決算書読解トレーニング方法」として、BSとPLを読む際の手順とチェックポイントを見てきました。この作業を3期分行い、横に並べて時系列でチェックするのですが、ここで、財務力を身に付け「財務脳」をつくるために意識すべき、決算書を読む際の留意点を確認しておきます。

3期分をヨコ読みする際は、増加傾向なのか、減少傾向なのか、異常値はないか、等々をチェックしますが、さまざまな視点から比較をしてください。比較には、時系列のほか、業界対比、目標対比があり、決算書3期分だけでは、深読みには足りないので、他にも資料や情報を準備することになります。例えば、業界対比を行う際は、「業種別審査事典」や日本政策金融公庫の「小企業の経営指標」などから業界平均値を拾ってチェックします。

チェックすべき勘定科目や指標はそれぞれ大事ですが、単純に目安と比較した「高い・低い」で善し悪しを判断するものではありません。勘定科目や指標同士のバランスがどうなっているかをチェックします。また、各勘定科目の内訳はどうなっているのか、その数字の理由や目的は何なのか、などをよく考え、経営の背景をイメージし仮説を立てながら読んでください。

対比と仮説。財務脳をつくるための大事なポイントです。

一般に、仮説思考とは「逆算」することともいわれます。手元にある限られた情報や知識をもとに仮説を立てながら，解決策を考えて実行し，必要に応じて検証する考え方ともいえるでしょう。特にビジネスにおいて「仮説思考が重要だ」と言われるのは、ビジネスでは時間的な制約がボトルネックとなるからです。網羅思考で情報の収集や分析に時間をかけすぎることが、環境変化のスピードが速い現代においては、経営判断にとって命取りになりかねません。ビジネスでは迅速な意思決定が求められるのです。仮説思考とは、まさに限られた時間の中で最大の成果をアウトプットするための思考法なのです。

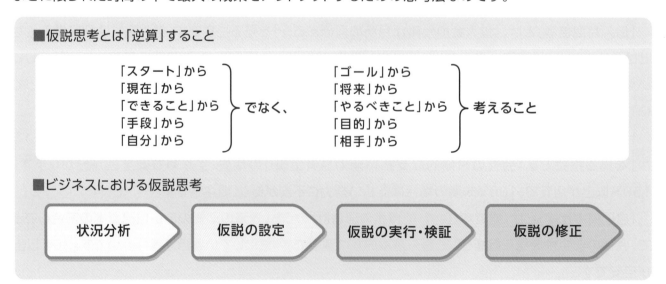

2 （読み方・その2）「財務インパクト」をイメージする

　第2章第2節の「保険パーソンの勘違い」で触れたように、「財務インパクト」とは、経営者もしくはキーマンが不在の場合に、会社のお金に与える影響のことを言いますが、本節では、「財務インパクト」の考え方と、決算書に与える影響を考察します。「財務インパクト」を経営者の頭の中にしっかりとイメージさせることができれば、保険提案が近づいてきます。

（1）リスク・マネジメント

　企業を取り巻くリスクは、実に多種多様で、火災や事故、感染症の流行、近年増加している地震や水災などの自然災害のほか、リコールや訴訟、情報漏洩、為替や株価の変動など、数え上げたらキリがありません。

　しかし、リスクを必要以上に恐れて何もしないのではビジネスは成り立ちません。

　経営とはリスクの連続であり、想定されるリスクを把握し、正しくリスクを取ることでリターンを獲得しなければなりません。つまり、リスクマネジメントにこそ企業経営の要諦があると言えます。
正しくリスクマネジメントを行うことにより、不確実な未来を、「経営計画」という前向きな未来に変えることができるのです。

　その意味でもリスクマネジメントと経営計画は表裏一体であるといえます。

　リスクマネジメントとは、経営を行う上で想定されるリスクを適切に管理することで損失を回避あるいは最小限に抑える経営手法のことですが、その手順としては、「リスクの特定　⇒　リスクの分析・評価　⇒　対策の策定」となります。

　具体的には、想定されるリスクを列挙し、「発生確率」と「影響度」によって定量的に分析・評価し、マッピングします。

■リスクマップのイメージ

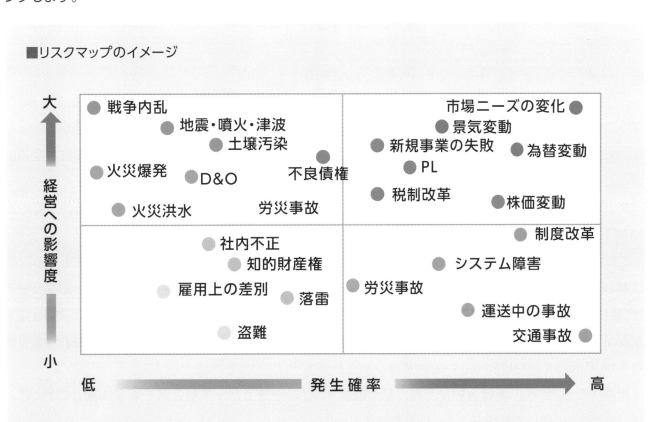

そして、マッピングされたリスクの置かれた象限によって、次の4種類の対策を取るのが一般的です。

　①発生確率が低く、影響度も軽微なリスク　⇒　リスクの「保有」

　②発生確率は高いが、影響度は軽微なリスク　⇒　リスクの「低減」

　③発生確率は低いが、影響度は重大なリスク　⇒　リスクの「移転」

　④発生確率が高く、影響度も重大なリスク　⇒　リスクの「回避」

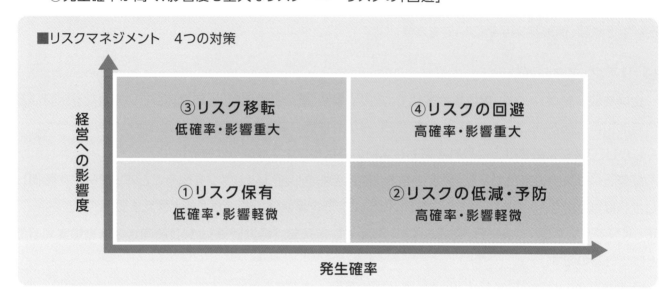

（2）中小企業における最大のリスクとは？

　リスクが発生した場合の「影響の大きさ」のことを「リスク・インパクト」と言いますが、中小企業において経営に重大な影響を与えるリスク・インパクトが最大の事態とは何でしょうか？

　それは、言うまでもなく、経営者の不在です。

　会社の方向性を決め、あるゆる判断をするのみならず、自ら行動し、営業マンやエンジニア、総務・経理担当の役割も担う、まさに会社のカリスマである経営者の不在こそ、中小企業の最大のリスクなのです。

　経営者でなくとも、会社の中心人物である幹部社員であったとしても、万が一、仕事ができない状態になってしまったら、会社のお金に与える影響は計り知れません。

　ところが、一般的なリスクマップでは、「経営者の不在」がマッピングされている事例を目にしません。あまりにも自明のことだからなのか、リスクマップ自体、損害保険系の概念で、「経営者の不在」という事象を想定していないのか分かりませんが、いずれにせよ、本書では、「経営者の不在」が会社のお金に与える影響のことを特に「財務インパクト」と呼び、本節において考察していきます。

　あらためて「財務インパクト」とは、経営者や幹部社員の死亡や就労不能による長期不在が、売上高の減少や経常利益率の悪化を招くことを意味しています。

　このような事態になってしまった場合、潤沢な資金がなければ、たちまち資金繰りが悪化してしまう可能性が高くなります。当然ながら、新代表者が会社の立て直しを図り、経営改善に取り組むことになりますが、経営改善の効果が表れるには時間がかかります。そうしている間も資金の流出は待ったなしです。資金がショートしてしまえば会社は倒産してしまいます。資金が底をつく前に資金調達を行わなければなりませんが、果たして銀行は貸してくれるでしょうか？

　だからこそ、会社の重要人物が不在になる財務インパクトをカバーする対策を事前に講じておくことが、事業継続において大事なことになるのです。

（3）経営者不在になると、どのようなことが起こり得るのか?

　経営者不在になると、損益計算書に与える影響はもちろん、貸借対照表や資金繰りにも大きく影響を受けることが予想されます。どのようなことが起こり得るのかイメージしてみましょう。

「売上はどうなるか?」

　先代経営者の営業マンとしてのウエイトはどのくらいあったのでしょうか?

　得意先との関係はどうなるでしょうか?

　今まで通りの発注をしてくれるでしょうか?

　先代は会社のトップセールスであり、得意先との良好な関係も先代がいたからこそであったならば、先代の不在により、得意先との関係は脆弱になるかもしれません。あるいは、取引条件の変更の可能性も考えられます。たとえば、従来は現金100%だったのが、現金50%・手形50%になったり、翌月末入金だったのが翌々月10日になったりして、資金繰りに影響があるかもしれません。

「仕入先・外注先はどうなるか?」

　今まで通り取引を続けてくれるでしょうか?

　手形取引だったのが現金取引や前受けを求められたりしないでしょうか?

　先代との付き合いや恩義で取引をしてくれていた仕入先や外注先が、今まで通り作業を引き受けてくれなければ、商品の仕入れや製品の販売もできず、売上が上がらなくなるかもしれません。取引条件の変更を求められれば、即、資金繰りが悪化します。

「従業員はどうなるか?」

　大企業と違い、中小企業は先代社長のカリスマ性・人間的魅力で従業員が長い間務めているケースが多いと思われます。家族ぐるみの付き合いで先代社長を「第2のオヤジ」と感じている従業員もいるはずです。そんな社長がいなくなったら、従業員は会社に残ってくれるでしょうか?

　後継者は従業員に対して影響力を発揮できるでしょうか?

　幹部社員との軋轢が生じたり、優秀な社員が辞めたりして会社の機能不全が起きないといえるでしょうか?

　従業員の退職により、退職金の支払いが発生するかもしれません。補充のための従業員の採用には新たに採用費や教育費が発生します。そもそも人材不足の環境下において、新たな人材の採用はどれほど大変なことになるのでしょうか。

「銀行はどう動くか?」

　銀行は後継者の資質をどう見るでしょうか?

　銀行は追加融資を出さないかもしれません。後継者の評価によっては、貸出資金を引き揚げたくなるかもしれません。

　追加担保提供や連帯保証人の追加要請があるかもしれません。

(4) 財務インパクトをイメージし、定量的に評価してみる

　経営者不在による経営への影響を、会社を取り巻くステークホルダーの視点から想像してみましたが、これらの「財務インパクト」のイメージを定量的に評価してみたいと思います。

　たとえば、先代社長の売上に対する財務インパクトを10%ダウンと想定した場合、売上高が10%減少するのに連動して原価も10%減少しますので売上総利益が減少します。しかし、販売費・一般管理費はそのままスライドします。なぜなら、通常9割以上が固定費になるからです。もちろん、戦略的に広告宣伝費や交通費を使っていて変動費と見做せる場合、かつ、その金額が大きい場合は、財務インパクト率と同様に10%下げることになります。

　その結果、営業利益が減少します。新たに借入を行わず、支払利息がそのままであれば、経常利益の減少幅は営業利益のそれと同じになります。

　同様に財務インパクトが20%の場合、30%の場合とシミュレーションしてみます。

　下の図表の場合、財務インパクトが20%になると営業利益が赤字になることが分かります。

　財務インパクトが20～30%になると、大半の会社で営業利益が赤字に陥ってしまうのが現実です。

　営業利益が赤字になると経常利益も赤字になるケースが多く、この状態が2期連続で続くと銀行融資は厳しくなってしまいます。

■財務インパクトPLのイメージ

損 益 計 算 書				
財務インパクト	なし（平時）	10%	20%	30%
売上高	100	90	80	70
原価	60	54	48	42
売上総利益	40	36	32	28
販売費・一般管理費	35	35	35	35
営業利益	5	1	▲ 3	▲ 7
支払利息	1	1	1	1
経常利益	4	0	▲ 4	▲ 8

　シミュレーションでは、販売費・一般管理費を「財務インパクトなし」の平時と同じと設定しましたが、先代社長がいなくなることで、従業員が辞めたとすると退職金の支払いや、補充のための新規採用費や教育費などの費用が増えることも十分に考えられます。そうなると営業利益以下の数字にさらにダメージが加わります。

　また、売上総利益の減少や取引条件の悪化は、現金預金の減少を招きますので資金繰りが悪化します。

　資金繰りが悪化すれば、新たに借入をせざるを得ないので、それに伴い支払利息が増加することも想定しなければなりません。その結果、経常利益はさらに減少する流れになってしまいます。

こうした事態を招かないよう、経営者不在時の財務インパクトをカバーできる唯一無二の手段が事業保障保険になるのです。

3 （読み方・その3）決算書の実態を見抜く

　ここまで、決算書の速読トレーニング法を学び、財務インパクトもイメージできるようになりました。これで、決算書を読んで正しく法人保険の提案ができる状態になりました・・・と言いたいところですが、実はまだ、読み方としては足りないのです。どういうことかというと、「あなたが預かってきたその決算書、本当に正しく会社の実態を表していますか?」ということなのです。

(1) 中小企業の決算書の特徴

　実は、中小企業の決算書は額面通り受け取ることができないことがあります。ストレートに言うならば、決算書の数字が正しくない。正しくない決算書をいくら読み込んだとしても正しい保険提案にはつながりません。意図的かどうかは別にして、正しく実態を表さない決算書ができてしまうのは、中小企業には次のような会社が多いからです。チェックポイントをあげますと、

中小企業の正しくない決算書
チェックポイント

①会計処理基準が税法基準になっている
②経理規程がない
③株主総会がなされない
④粉飾している
⑤月次試算表の体制が取れていない
⑥実質債務超過に陥っている
⑦資金調達は銀行融資(間接金融)しか頼れない
⑧自己資本が脆弱(内部留保が薄い)

　これらのチェックポイントのうち、1つ以上当てはまっていれば、決算書の数字を額面通りに受け取れない可能性が高いと言えるでしょう。実際、ほとんどの中小企業が当てはまっているのではないでしょうか。

(2) 決算書は会社の実態を表さない!?

　このような中小企業の特徴を鑑みると、決算書が必ずしも会社の実態を表しているとは限りません。というのは、会社が保有する資産の価値が、本当に決算書の数字どおりなのか?ということです。帳簿上の価額(簿価)と時価は違うかもしれませんし、「お化粧」しているケースもあるかもしれません。意図しているか否かに関わらず、決算書の表面上の数字と実態とはかけ離れていることが往々にしてあるのです。含み損益などのケースは、相場や証券などを調べることで分かりますが、「お化粧」の場合は確認できるわけでもないので、各勘定科目をチェックして「お化粧」を見抜く「目利き」が必要になってきます。「目利き」により、表面の数字に騙されることなく、実態を正しく把握することが肝心です。

　「目利き」といえば、銀行はその道のプロですので、その気になって決算書を読みこめば、数字の矛盾点や異常値を見つけ出し、「お化粧」を見抜きます。そこで、より実践的な決算書の読み方として、銀行の決算書に対する考え方や見方を確認します。いったい、銀行は決算書の「どの部分」を、「どのように」見ているのでしょうか。また、各勘定科目のチェックポイントも解説していきます。

(3)「借りたお金は、何があっても、絶対返してください。」(by銀行)

銀行の決算書の見方を学ぶには、銀行の「格付け」の手法を知る必要があります。(銀行格付けについては、第6章で改めて解説します。)

「格付け」とは、金融庁の「金融検査マニュアル」によって決められた「債務者区分」をもとにして各銀行が独自に融資先をランク付けするためのものです。平成11年度に導入された金融検査マニュアルは、令和元年12月に廃止され、今後は決算書によって形式的に格付けをするのではなく、企業の事業性を評価して柔軟に審査するように、金融庁の指導方針は変わりましたが、事業性評価に基づく融資は難しく、格付けを基に融資判断をしているのが銀行実務の実態だと言えるでしょう。むしろ、「格付けを制する者が銀行融資を制する。」といわれるくらい「信用格付」の仕組みはよくできていて奥が深いものです。その手法を身に付けることは対象先の実態を把握するのに大いに役に立ちます。本節ではその本質的な考え方だけをお伝えするので、銀行が決算書のどこをどのように見るのか、銀行の目線をつかんでください。

銀行が決算書を見て最も重視するポイントは、「貸したお金がちゃんと返ってくるかどうか」という点に尽きます。業績が順調であれば、PLの営業利益や経常利益、減価償却費を見て、「利息は払えそうだな。毎月の元金返済も大丈夫そうだな。」となりますが、順調でない場合は、資産を売却してでも、貸したお金は絶対に返してもらわなければなりません。極論すれば、今すぐに会社を清算したら資産余剰がどれだけあるのかを見ているのです。つまり、銀行はPLではなくBSを重視します。中でも「純資産」がどうなっているかを最も重視しているのです。

(4) 銀行はBSにストレスをかける

ただし、前述した通り、決算書上の数字はあくまでも簿価であり、実態を表しているとは限りません。そこで、実態把握をするためにBSにストレスをかけてきます。資産と負債があった場合、負債はほぼ100%時価に近いと評価できますが、資産は簿価と時価が混在しているので額面通りに受け取るわけにはいきません。だから銀行は、簿価のものを70%くらいの評価額に引き直して修正します。

売掛金は全額回収できるものなのか?不良債権は含まれていないか?在庫の評価は正しいのか?不良在庫や架空在庫は含まれていないか?不動産の含み損益はどうなっているか?株などの有価証券の含み損益は?といったことをチェックします。ちなみに保険積立金については評価の仕方が分からないので簿価で見ます。この点については保険パーソンのみなさんにアドバンテージがありますよね。

■BSにストレスをかけ簿価を修正

表面上のBS			
<資産>		<負債>	
現金・預金		買掛金	
売掛金		短期借入金	7000万円
在庫	1億円	長期借入金	
有価証券		<純資産>	
不動産			
保険積立金		純資産	3000万円

本当に額面通りの価値があるのか?

Check!
資産評価
▲2000万

実態BS			
<資産>		<負債>	
現金・預金		買掛金	
売掛金		短期借入金	7000万円
在庫	8000万円	長期借入金	
有価証券		<純資産>	
不動産			
保険積立金		純資産	1000万円

　仮に、BSで資産が1億、負債が7000万で、その差額の3000万が純資産だったとします。上記の要領でストレスをかけ修正した結果、資産の評価2000万下がって8000万になったとしたら、「実質の」純資産は1000万ということになります。

　実質の純資産で見るというのが原理原則です。この目線が銀行の決算書の見方、格付けのポイントとなります。

　ところで、銀行は、過度な節税や、公私混同や、貸したお金が目的以外の使い方をされるのを極端に嫌いますので、これらの勘定科目がある場合は要注意です。銀行の決算書の見方を理解したところで、次は、さらに踏み込んで、BS・PLの勘定科目の見方・押さえるべきポイントを見ていきましょう。

4 （読み方・その4）勘定科目の見方・読み方

　勘定科目は作成する税理士・会計事務所によって微妙に違うので注意が必要です。間違っているというわけではなく、仕訳の判断が人によって違うので同じ取引であっても異なる勘定科目だったりするのです。たとえば、生命保険料で資産に計上されているものとして、「保険積立金」のケースもあれば、「長期前払費用」のケースもあります。特にBSの勘定科目は、決算書に慣れてない方にとっては馴染みのないものが多いですし、似たような科目があって、分からなくなりがちなのですが、こればかりは慣れるしかありません。前述した決算書を読むトレーニングを積むことで分かるようになります。「簿記」関連のテキストや書籍は書店に多くありますので、勘定科目解説の本を1冊お手元に置いておくのもいいかもしれません。

■BSの勘定科目

資産の部	(3)　　　　　負債の部
（1）流動資産 　　現金・預金 　　売上債権 　　　（受取手形・売掛金・ファクタリング債権） 　　棚卸資産 　　　（商品・製品・半製品・仕掛品・原材料） 　　貸付金・仮払金・未収入金 　　前払費用	短期及び長期借入金 　役員借入金 　未払金・未払費用
（2）固定資産 　　減価償却対象資産 　　　（建物・建物付属設備・機械装置・ 　　　車両運搬具・工具器具備品） 　　土地 　　ゴルフ会員権及びリゾート会員権 　　投資有価証券 　　関係会社株式・出資金 　　営業権・ソフトウェア 　　電話加入権 　　保険積立金 　　繰延資産関係	(4)　　　　　純資産の部 　資本金 　繰越利益剰余金

前節で指摘した通り、粉飾されていない限り、負債は100％時価評価ですが、資産は時価と簿価が混在しているので、正しく評価し実態を把握する必要があります。ですので、自ずと資産の勘定科目の方がチェック項目は多くなります。本節では、決算書の実態を把握する上での、主要な勘定科目のチェック項目と経営者へのヒアリングのポイントについて解説していきます。

（1）流動資産の勘定科目の見方・読み方

「現金」

現金が200万円以上ある決算書は、粉飾している可能性があります。想像してみてください。普通の会社の事務所の金庫の中に現金がそんなに入っていると思いますか？もちろん例外はあります。例えば、パチンコ業の場合、現金は在庫（商品）と同じなので、現金を多く持っていることはあるでしょう。また、小売業は両替金として1店舗当たり20～30万円程度は保有していても不思議ではありません。ちなみに、「現金」科目で粉飾を行う会社は末期症状だといえるでしょう。粉飾をやってしまう会社が、最終的に操作する勘定科目は「現金」になるからです。粉飾は「百害あって一利なし」です。

「預金」

「普通預金」、「当座預金」、「定期預金」、「定期積金」などがあります。「預金」は「現金」と違い、銀行から残高証明が出ますので、粉飾の可能性はほぼありません。

まずは、融資を受けている銀行に定期預金があるか（みなし担保）、また、担保（質権）は入っているかを確認します。そして、定期積金の口数と目的を確認してください。特に目的もなく、銀行に「言われるがままのお付き合い」で口座を持っているケースが多いと思われます。みなし担保として見られている定期預金や定期積金があれば、それらを利用して銀行融資の債務圧縮や毎月の元金返済負担軽減を図ることも可能です。定期預金が担保定期になっているケースでは、担保定期の金額と短期借入金の相殺を検討する必要があります。

「売上債権」（「受取手形」、「売掛金」、「ファクタリング債権」）

「受取手形」＋「売掛金」＋「ファクタリング債権」の合計金額をチェックします。売上債権回転期間が3ヶ月以上になる場合は、3ヶ月を超過している金額は不良債権としてマイナス評価されるイメージを掴んでください。キーワードは架空売上・不良債権になります。ただし、業種による差が大きいので、売上債権回転期間は業界平均値と比較して実態把握をしてください。

建設業の場合は「売掛金」の代わりに「完成工事未収入金」という勘定科目を使用します。「未収入金」とは意味が違うので注意が必要です。ところが、本来、「売掛金」や「完成工事未収入金」で計上しなければならないのに、「未収入金」で計上しているケースもあるので勘定科目明細で実態を確認してください。
飲食業や小売業は現金商売のため、売掛金は大して計上されません。ただし、飲食業でも法人顧客を対象としている割烹系の店については、半月分程度の売掛金は計上される可能性があります。

「ファクタリング債権」とは売掛金と同義です。

粉飾で、損益計算書の売上高の水増し（架空売上）をすると、売掛金も同時に水増しされます。なぜなら預金残高ではごまかしようがないからです。

「棚卸資産」（「商品」、「製品」、「半製品」、「仕掛品」、「原材料」）

　「棚卸資産」とは、いわゆる「在庫」のことです。

　棚卸資産回転期間を計算して、2ヶ月以上になる場合は、超過金額が不良債権としてマイナス評価されるイメージを掴んでください。キーワードは不良在庫・架空在庫になります。「売上債権」と同じく業種による差が大きいので、業界平均値と比較して実態把握をしてください。

　「商品」と「製品」の違いも押さえておきましょう。「商品」は既製品で、外部から調達したものになります。使用するメイン業種は小売業・卸売業・サービス業です。一方、「製品」は自らが製造・加工したもので、主に製造業が使用します。ちなみに、「製品」は製造工程において100％の完成品、「半製品」は51〜99％の状態、「仕掛品」は1〜50％の状態、原材料は0％の状態とイメージすると分かりやすいと思います。

　また、建設業の在庫のことを「未成工事支出金」と呼びます。

　在庫で粉飾（架空在庫）すると、損益計算書の期末棚卸高が水増しされるので、売上原価が下がり、売上総利益以下の水増しとなります。業界平均値プラス1ヶ月以上になる場合は、粉飾の可能性を懸念してください。

　運送業なのに「在庫」科目がある場合は、何か兼業をしている可能性がありますので確認してください。

「貸付金」

　3期連続で500万円以上の残高があり、相手勘定が代表者やその親族で計上されている場合は、不良債権として銀行は捉えます。流動資産の短期貸付金に計上されているケースが多く見受けられますが、その貸付金は1年以内に返済される性質のものですか？相手勘定と資金使途を確認して1年以内に換金されないのであれば、固定資産の長期貸付金に振り替えてください。その上で、金額が1,000万円以内の場合は5年以内、2,000万円以内の場合は10年以内、3,000万円以内の場合は15年以内、3,000万円超の場合は20年以上で換金してもらうようにします。この取り組みをする場合は、双方で金銭消費貸借契約証書を作成（債権金額相当額の印紙を添付）します。次に、公証人役場で確定日付をもらった公正証書を銀行に持参して、最低1年間を分割弁済していけば不良債権から通常債権として見てもらえるようになります。

「仮払金」

　この勘定科目も相手勘定が代表者やその親族になっている場合で金額が概ね500万円以上になっている場合は不良債権になります。この勘定科目を使用して粉飾をしている会社が多いです。手口は損益計算書の販売管理費の勘定科目を調整して過少計上したものを、資産の仮払金として過大計上する粉飾になります。

「未収入金」

　この勘定科目は原則、本業とは関係ない未回収の代金を言います。しかしながら先述したように本業に関する未入金として未収入金の勘定科目を使用する税理士もいるので、必ず勘定科目明細にて実態を確認するようにしてください。

「前払費用」（「長期前払費用（固定資産）」も含む）

　長期前払費用でよくあるケースは、信用保証協会の保証料です。ちなみに信用保証協会の利用は反復的に利用されると解されており、資産で見るよりもむしろ費用として見ていることが多く、ゼロ評価で見る厳しい銀行もあります。

(2) 固定資産の勘定科目の見方・読み方

「減価償却対象資産」

「減価償却対象資産」には、「建物」、「建物付属設備」、「機械装置」、「車両運搬具」、「工具器具備品」などがあります。減価償却するかしないか税法上は任意ですが、銀行は厳しくチェックします。法定償却されているかどうかは「別表16（1）または（2）」を確認すれば未償却残高は分かります。

「土地」

「土地」については路線価で引き直しをして簿価と調整します。（路線価がないところは国税庁のホームページで評価倍率を確認して、固定資産税評価額と掛け算をして金額を算出しています。）取得時期によっては、簿価とのかい離が出てきて含み損を持っているので注意してください。

「ゴルフ会員権及びリゾート会員権」

ゴルフ会員券やリゾート会員権などの『その他投資』に関する勘定科目は、相場を確認します。決算日時点での売却金額が評価額になります。インターネットで検索できます。

「投資有価証券」

投資有価証券については、勘定科目明細で適正に仕訳されているかどうか確認します。ポイントは保有している目的を確認することです。資金運用のために1年以内に売却する目的なのであれば、流動資産に計上します。同じ上場企業株式でも累積投資で購入しているケースで長期保有を目的としている場合は、固定資産に計上します。さらに国債や社債などで5年や10年などの長期に渡り保有する場合も固定資産に計上します。また、評価については上場企業株式については、決算日を起算日とし、直近3ヶ月間の平均株価で再評価して実態を把握するか、決算日での終値で評価するか銀行によってまちまちです。国債については購入金額の評価で問題ありません。累積投資で購入している上場企業株式については、その平均株価については、取扱の証券会社に確認するケースもあります。

「関係会社株式」

関係会社株式については、関係会社の実態が中々把握できないのが実情です。ポイントは赤字を隠すために関係会社を利用しているかどうか、ヒアリングの中で掴みます。また、関係会社が事業で赤字を計上している場合も、株式の評価はゼロ評価になる可能性が高いです。

「出資金」

出資金については、勘定科目明細でどこに出資しているのか、解約した時にどの程度返戻されるのか確認します。実態金額を確認するポイントは、解約返戻金になります。

「営業権」

営業権は実態が掴みづらいです。会計的には営業権は5年の均等償却となっています。しかしながら法定償却をしている会社は少ないです。ですから、いつから営業権として計上しているのかを確認して、実態の金額で評価している銀行が多いです。

「ソフトウェア」

ソフトウエア（自社所有）については、概ね5年間の減価償却となっています。決算書の3年間の対比で減価償却を取組んでいれば問題ありませんが、減価償却をしていない場合は引き直しをして評価します。

「電話加入権」

NTTの電話加入権は現在では解約しても返金はありません。電話加入権を複数保有している場合は、決算の時に電話加入権を特別損失として損金計上する場合もあります。もちろん税理士や所轄税務署の見解もあるので、この処理を行う際には必ず確認するようにしてください。

「保険積立金」

保険積立金は資産計上額で評価しています。逆に、全損・半損で経理処理されている資産性の高い商品に加入しているケースは簿外資産が存在することになります。含み益があれば銀行にアピールする材料になるので、貯蓄性の高い生命保険に加入しているのであれば、決算日時点の解約返戻金の残高証明書を生命保険会社から提出してもらい、含み益をアピールしてください。

「繰延資産関係」

繰延資産については、創業費および開業費・開発費は"換金性"があるとはいえませんが、5年の償却期間で支出時からの償却費を、毎期控除した後の帳簿価額で評価します。なお、株式交付費および新株予約権発行費・社債発行費は、ゼロ評価になるケースが多いです。

(3)負債の部の勘定科目の見方・読み方

「短期及び長期借入金」

「短期借入金」とは返済期限が1年以内の借入金を言います。「長期借入金」とは返済期限が1年以上の借入金を言います。必ず返済予定表をお預かりして「短期」もしくは「長期」の区分を確認してください。長期借入金の1年分を短期借入金に計上する場合は、「1年以内返済長期借入金」となっているのかがポイントです。

銀行員は、「現金及び預金」と「短期及び長期借入金」については仕事柄注視していますから勘定科目明細に融資ごとに詳細を記載（長短区分・資金使途・金利・利息額・担保・毎月の元金返済額）していくと銀行から追加融資の提案をしてくるようになります。

また、短期資金と短期継続資金は意味が全く違うので覚えておいてください。短期継続資金は恒常的（定番）な仕事をしている業種（製造・運送・卸売業など）は該当しますが、建設業や小売業などは該当しません。

「役員借入金」

この勘定科目のポイントは長短区分になります。特に社長が会社に貸している場合は、今後の返済予定について確認します。当面返済を考えていないのに流動負債に計上しているケースや、逆に、毎年元金の返済をしているにもかかわらず固定負債に計上しているケースは、銀行は両方ともにマイナス評価をします。

「未払金及び未払費用」

　「未払金」は、1回きりのモノやサービスの購入について、まだ支払っていない対価を表します。「未払費用」は毎月のように継続して受けているサービスにおいて、すでにサービスを受けたものの、その分の料金（対価）が支払われていないものを指します。ちなみに、代金が未払いとなっているモノやサービスの購入の中でも、仕入れに該当するものは「買掛金」と呼びます。「商品」として販売するものや「商品」の材料を購入した際に未払いとなっている対価は、「未払費用・未払金」ではありませんので、注意してください。

(4) 純資産の勘定科目の見方・読み方

「資本金」

　資本金を確認する時に、経営者に会社を設立してからの増資の経緯を確認してください。資本金が1,000万円を超える会社の多くは増資をしている会社が多いです。

「繰越利益剰余金合計」

　この金額を会社の設立年数で割ることで法人設立以来の平均税引後当期純利益が算出できます。直近3年分の平均税引後当期純利益も算出し、対比することで、経営者と一緒に今後の数年（未来経営）をイメージする時の土台になります。

(5) PLの勘定科目の見方・読み方

　まず、「売上原価」と、「販売費及び一般管理費」には注意が必要です。

　「売上原価」について、小売業/卸売業/サービス業などには付いていませんが、製造業/建設業/運送業などの業種には、「原価報告書」が付いてきますので見落とさないようにしなければなりません。

　また、「販売費及び一般管理費」については、「販売費」と「一般管理費」は意味も目的も全く違うということを理解しなければなりません。内訳としての勘定科目数も多くなります。

　さて、PLで特にチェックする勘定科目とポイントは図表の通りです。

■PL主要勘定科目とチェックリスト

勘定科目	金額（指標）	指標と計算式	チェック内容
①売上高	○○千円（○%）	対前年増加率	直近3年間の動向は？
②原価の減価償却費	○○千円		法定償却しているか？
③売上総利益	○○千円（○%）	③/①　売上高総利益率	業界平均値との比較（＋3%以上なら優良）
④役員報酬（代表者）	○○千円		家族構成と生活実態は？
⑤販管費の減価償却費	○○千円		法定償却しているか？
⑥営業利益	○○千円（○%）	⑥/①　売上高営業利益率	5%以上なら優良　2期連続赤字はNG
⑦支払利息	○○千円（○倍）	⑥/⑦　インタレスト・カバレッジ・レシオ	6倍以上なら優良
⑧経常利益	○○千円（○%）	⑧/①　売上高経常利益率	3%以上なら優良
⑨法人税等	○○千円		所得割を払えているか？
⑩フリーキャッシュフロー	○○千円	（②＋⑤＋⑧）-⑨	年間長期借入金の返済元金以上であれば可

①売上高

まずは、「なぜ、こんなに売上が上がっているのか?」あるいは「下がっているのか?」その要因を確認します。直近3年間の動向、そして今後3年間の見込みをヒアリングします。

売上高が上がっている場合は、借入と紐づくことが多いので、併せて借入金もチェックします。その際、連帯保証債務対策はどうなっているか抑えることが生命保険提案につながります。運転資金で月商の3か月分を超えてくると借り過ぎと言えるでしょう。「売上と借入の相関はいかがですか?」などの質問で聞き出します。

また、売上高は従業員数とも紐づきますので、従業員数や平均年齢・平均勤続年数、平均給与などを聞き出し、生産性の検証をすると同意に、福利厚生施策や従業員退職金制度など、後の生命保険提案のイメージを作ります。

②原価

売上原価と製造原価の違いを理解する必要があります。

小売/卸売/サービス業にはありませんが、製造業/建設業/運送業などには「〇〇原価報告書」(CR)があります。製造業であれば「製造原価報告書」、建設業であれば「完成工事原価報告書」、運送業であれば「運送原価報告書」になります。

売上原価とは、販売した商品やサービスの仕入れや製造、提供に必要となった原価、費用のことですが、あくまでも「売れた」商品に対して計上されるため、仕入れたすべての商品の原価が該当するわけではありません。次の計算式で算出されます。

売上原価＝期首商品棚卸高＋当期商品仕入高－期末商品棚卸高

一方、製造原価(〇〇原価)は、売上原価と異なり、商品やサービスを製造するために必要な費用や原価のことです。そのため、製造原価は売上に関与していません。一般的には販売部門の原価を売上原価、製造部門の原価を製造原価として使われることが多いです。製造原価には、大きく分けて「材料費」「労務費」「外注費」「経費」の4つがあり、略して「材労外経(ザイロウガイケイ)」などと言われます。

製造原価報告書の中にも経費として「減価償却費」が計上されていますので、法定償却されているかチェックすると同時に、フリー・キャッシュ・フローの計算の際に忘れないように注意します。

③売上総利益

一般に、大企業は「率」で、中小企業は「額」で見ると言われます。

その会社の商売の本質が見える科目になります。会社が生み出した付加価値であり、他社との差別化の結果であると言えるでしょう。業界平均と比較して、売上高総利益率がプラス3%以上であれば優良と言えますので、「Why?」「How to?」などを使って掘り下げてヒアリングします。

「なんで、こんなに素晴らしい粗利率なのですか?」

「そのために気を付けていることは何かありますか?」

商品が優れているのか、優秀な人材による営業力なのか、広告戦術に長けているのか、・・・

様々な要因が考えられますし、社長も得意になって話してくれることでしょう。

④⑤販売費及び一般管理費（④役員報酬、⑤減価償却費）

　「販売費及び一般管理費」として一括りにされていますが、「販売費」と「一般管理費」では意味合いが大きく異なりますので注意が必要です。「販売費」は、売上を上げるための戦略的経費であり、「未来経費」です。売上に連動するのですから「変動費」という見方もできます。一方、一般管理費は会社を維持していくのに必要な経費で、言わば「現状維持費」です。売上に連動しないので「固定費」となります。とすれば、前者は必要に応じて増やすべきであり、後者はできる限り節減したい費用とも言えるでしょう。

　「ヒト」に関する費用（人件費）は、多くの会社において最もウエイトが大きくなる費用です。法定福利費や福利厚生費、また、採用と育成のための経費も人件費に含まれます。固定費と見做すか、能力給や実績に応じた給与体系であれば変動費と捉えるか、経営者の戦略や考え方が表れます。

　特に、代表者の「役員報酬」についてはチェックします。なぜなら、銀行から見たときに営業利益に加味できる可能性があるからです。銀行は、会社と代表者を一体として見ています。役員報酬の内訳を確認し、代表者の生活費実態を掘り下げ、個人資産背景をヒアリングして、余剰があれば借入金の返済原資と見做せるのです。個人の生活実態や資産背景を銀行に詳らかにするのを嫌う経営者は多いと思いますが、それこそ個人顧客のFF（ファクト・ファインディング）と同じで、保険パーソンの得意分野ではないでしょうか。

　真っ先に削減すべき経費の「3K」と言われる「交際接待費」・「広告宣伝費」・「旅費交通費」ですが、果たして本当に削減すべきなのでしょうか。不必要で無計画な経費は削減すべきですが、売上につながる「戦略的経費」であれば、むしろ増額すべきです。そのためには計画を立て、効果を測定するための「予実管理」が必要であることは言うまでもありません。

　「減価償却費」は、「販売費及び一般管理費」の中にもあります。製造原価の減価償却費と合わせてキャッシュアウトしない経費になりますので、フリー・キャッシュ・フローとして自由に使えるお金につながります。法定償却しているか、法人税申告書の「別表16」でチェックできます。減価償却の計上は任意ですが、銀行的には必要になります。

⑥営業利益

　本業によって生み出した利益であり、銀行は、支払利息の返済原資と見ます。5％以上であれば優良と評価される一方で、2期連続赤字だと銀行からの追加融資はかなり厳しくなると考えてください。

⑦支払利息

　銀行などの金融機関や取引先からの借入金などについて支払う利息のことです。毎月の借入金返済日には、元金と利息は併せて引き落としになりますが、元金と支払利息はそれぞれ区別して仕訳をします。営業利益が支払利息の何倍分をカバーしているのかを見る指標を「インタレスト・カバレッジ・レシオ」と言って、6倍以上であれば優良と言えるでしょう。

⑧経常利益

　通常の経営活動により、毎期経常的・反復的に生じる利益のことで、銀行目線で言うと元金（運転資金）の返済原資になります。ちなみに設備資金の返済原資は減価償却費と考えます。

　営業利益5％、経常利益3％を3年連続で超えていて、自己資本比率30％以上であれば、かなり優良な会社であると評価され、銀行取引においても金利など相当有利な条件を引き出すことが可能になります。

⑨法人税等

　法人税等とは、会社の利益に応じて課税される法人税、法人住民税、法人事業税のことで、均等割と所得割があります。1,000円でもいいので所得割を払えていれば、日本政策金融公庫の融資枠2000万円が確保できる特典があります。

⑩フリー・キャッシュ・フロー

　フリー・キャッシュ・フローとは、損益計算書上の勘定科目ではありませんが、事業活動で得た資金から必要支出を差し引いたキャッシュのことで、非常に重要な概念です。文字通り「自由に使うことができるお金」になります。次の式により概算を算出します。

> フリー・キャッシュ・フロー　＝　経常利益＋減価償却費合計（製造原価、販管費）—法人税等

　少なくとも年間の長期借入金の返済元金以上なければ、資金繰りにおいて手元資金が減っていくことになります。

　以上、銀行員の目線で、BS・PLの勘定科目の押さえるべきチェック・ポイントを見てきました。

　中小企業の決算書は、意図的かどうかに関係なく「実態」を反映していないことがあります。言うなれば「お化粧」していることが往々にしてあるのです。銀行員の目線で勘定科目を見ることで、帳簿上の数字に騙されることなく対象企業の実態を把握することが可能になります。

5　（読み方・その5）素早く提案のイメージを掴むために読む（3つのトライアングル）

　決算書の読み方（その3・その4）は、決算書の粉飾を見抜き、中小企業の実態を把握するための銀行員の見方であり、やや踏み込んだ内容になってしまいましたが、本節（その5）では、押さえるべき勘定科目を絞って、企業の状態を素早く簡易に把握するだけでなく、各種の提案につながるイメージが湧きやすい読み方をご紹介したいと思います。

　どのように読むかというと、生命保険や損害保険、融資の見直しなど各種の提案につながる情報の宝庫であるBSについて、主要勘定科目を視覚的にとらえながら、提案のための戦略と戦術をイメージする読み方です。具体的には次の3つの三角形をイメージします。法人生保の提案に直結する3つのトライアングルです。

（1）戦略のトライアングル

　1つ目のトライアングルは、「純資産の部合計」　⇒　「現金及び預金」　⇒　「短期借入金＋長期借入金」を結ぶ三角形で、「戦略のトライアングル」です。銀行が特に重視する勘定科目で、「キャッシュ・ライン」と呼び、まさに会社のお金の状態を素早く探ることができる便利なトライアングルになります。

では、このキャッシュ・ラインをどのように読んでいけばいいのでしょうか。

勘定科目ごとに押さえておくべきポイントを見ていきましょう。

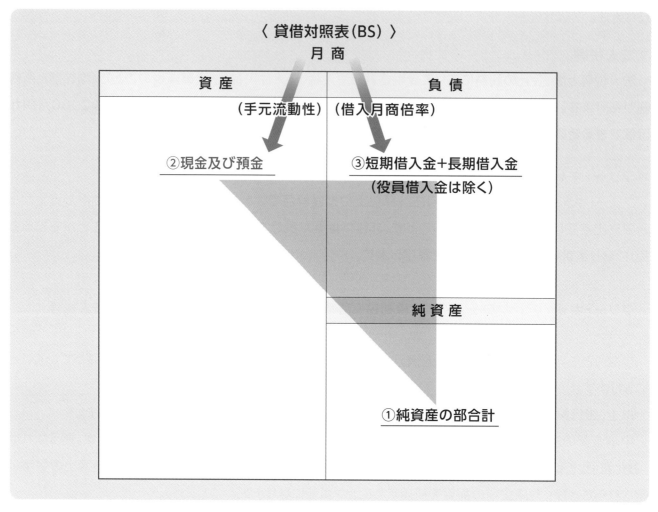

〈 貸借対照表（BS）〉
月 商

資 産	負 債
（手元流動性）	（借入月商倍率）
②現金及び預金	③短期借入金＋長期借入金
	（役員借入金は除く）
	純 資 産
	①純資産の部合計

①「純資産の部合計」で考えること

「純資産の部合計」のキーワードは「安全性」です。

まずは、合計金額をチェックし、自己資本比率を計算します。既に述べた通り、気にしている社長は多いですし、もちろん銀行も一番気にしている指標です。自己資本比率は高いほど安全性が高いといえますので、経営は安定し、銀行からの融資も受けやすくなりますが、一方で、自己資本比率が高いということは経営の「レバレッジ」が効いていないことでもあるので、成長や収益の機会を逸しているともいえます。

次に、資本金の金額と「別表2」で株主構成を確認します。「会社設立から何期目か」、「現社長は何代目か」も併せて確認することで社長の影響力を探ります。「株主数は?」「親族か?」「親族以外にもいるのか?」をチェックしながら将来の相続・事業承継における課題を推測します。

利益剰余金を会社設立からの経過年数で割ることで、当期純利益の平均額を確認できます。たとえば、会社設立から20期目の会社で利益剰余金が1億円であれば、1期あたり毎年平均500万円の純利益を積み増してきたことになります。これまでの会社経営の結果であり、歴史が刻まれています。

そして、直近3年間の当期純利益の平均額を計算し、会社設立からの当期純利益の平均額と比較します。たとえば、直近3年間の当期純利益の平均額が2000万円であれば、前述の例の500万に対して1500万円も大きいわけですから、その理由を想像します。成長企業かもしれないし、新商品のヒットや新事業への進出があるのかもしれない。逆に直近3年間の平均額が100万円であれば、衰退産業かもしれな

い、コロナウイルス感染症の影響などがあるのかもしれない、何かしら経営判断の失敗があるのかもしれない。このように仮説を立て社長への質問シナリオを考えます。

②「現金及び預金」で考えること

「現金及び預金」のキーワードは「流動性」です。

まずは、手元流動性（現預金月商倍率）を計算します。2か月以上あれば青信号、1～2か月であれば黄信号、1か月以内は赤信号です。ただし、融資を受けている銀行の定期預金は除外して計算します。なぜなら、「みなし担保」として、いざという時に自由に使えない可能性が高いからです。

「現金」の残高を確認します。業種にもよりますが、多い場合は粉飾の疑いがあります。会社の金庫に多額の現金を用意する必要のある会社はどれだけあるでしょうか。セキュリティやコンプライアンス上も現金が多いことは好ましくありません。

「預金」の取引内訳を確認します。普通預金、当座預金、定期預金、定期積金などがあり、決算書の勘定科目明細で確認できます。拘束性の高い預金（定期預金や定期積金）が、借入のある銀行のものであれば「みなし担保」の可能性を疑います。

以上を確認することで、どの程度の保険料なら継続して支払い可能かをイメージすることができます。ただし、決算書上の「現金及び預金」はあくまでも決算期一時点における残高なので、毎月の預金残高イメージは経営者にヒアリングする必要があります。

③「短期借入金＋長期借入金」で考えること

まずは、借入月商倍率を計算します。2か月以内であれば青信号、2～3ヶ月は黄信号、3か月以上あったら赤信号です。ただし、役員借入金は除外して考えます。なぜなら、役員借入金は実質的に返済の必要のない「資本金」的な性格である可能性があるからです。経営者に返済意思を確認し、返済の最中であれば短期借入金とみなし、返済を当面考えていないのであれば資本金とみなして考えます。

ですので、銀行融資と役員借入金は分別して仕訳・計上すべきなのですが、税理士によっては、銀行融資と役員借入金を一緒くたにして、「短期借入金」もしくは「長期借入金」として計上しているケースがあるので注意します。どちらも「返さなければならないお金」という意味では同じですが、役員借入金で当面返済の予定がなければ、場合によっては「資本金」とみなせるケースもあるので、会社の状態を正しく把握するためには、銀行融資と役員借入金は明確に分別しておく必要があるのです。ちなみに、銀行融資の場合は丸い数字（千円未満の下3桁が000）になっていますが、役員借入金はそうではないことが多いです。

続いて、銀行融資の内訳を確認します。口数、銀行ごとの残高、毎月の返済額、金利などを確認します。併せて、保全（担保）状況を確認します。信用保証協会付、不動産担保（会社所有の土地や、経営者の自宅）、定期預金などが担保提供されている可能性があります。

最後に、長期借入金の元金の年間返済額と、会社のフリーキャッシュフロー（FCF）を比較します。

FCF ＞ 年間返済額　であれば、銀行融資の元金返済をしたうえで、なおキャッシュが残る状態ですので、保険料を継続して支払うことが可能だと推測できます。逆に、FCF ＜ 年間返済額　であれば、資金繰りが苦しい状態ですので、融資の見直しや保険の見直しの可能性を探ります。例えば、融資を受けていない銀行との今後の取引方針をヒアリングしたり、保険証券をお預かりして資金繰りの改善に寄与できることがないかをチェックします。

（2）戦術のトライアングル

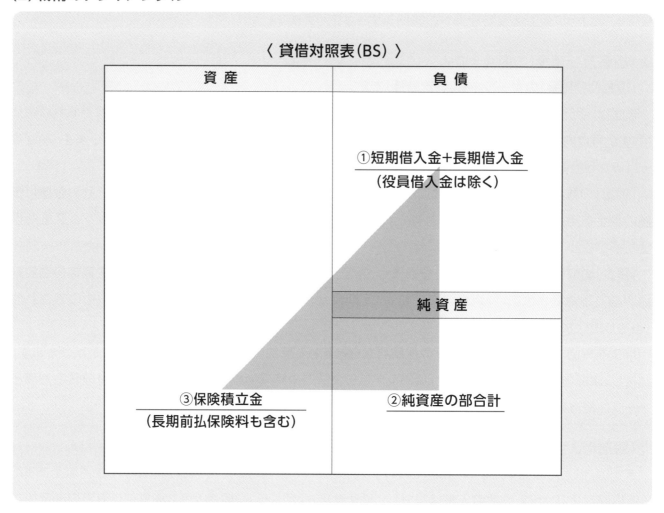

〈 貸借対照表（BS） 〉

資　産　｜　負　債

①短期借入金＋長期借入金
（役員借入金は除く）

純資産

③保険積立金
（長期前払保険料も含む）

②純資産の部合計

　2つ目のトライアングルは、「短期借入金＋長期借入金」　⇒　「純資産の部合計」　⇒　「保険積立金（長期前払費用）」を結ぶ三角形で、「戦術のトライアングル」です。特に、生命保険提案につながる材料という視点で勘定科目を見ていきましょう。

①「短期借入金＋長期借入金」で考えること

　連帯保証債務対策、事業保障対策の提案がイメージできます。

　「短期借入金＋長期借入金」は、「返さなければならないお金」ですので、経営者の万一に備えて生命保険で保全しておく必要があります。借入金に対して、経営者の連帯保証を付けているのかを確認し、連帯保証債務対策の生命保険をイメージします。また、経営者の万一時の後継者の有無や、事業を継続するのか、清算するのかなどを確認し、事業保障対策としての必要保障額をイメージします。たとえば、借入金の資金使途によって、運転資金であれば箱形の定期保険、設備資金であれば収入保障型の定期保険の提案がイメージできます。

　ちなみに、役員借入金がある場合は、銀行など他人に返す必要はありませんが、経営者個人の相続財産になりますので、個人における相続対策を考える必要があります。終身保険などの提案をイメージすることができます。

②「純資産の部合計」で考えること

　株価対策、事業承継対策の提案がイメージできます。

　複数年で比較して、増加している場合は、株価対策や役員退職金・従業員退職金の準備を考えます。生命保険提案の可能性としては、逓増定期保険や養老保険がイメージできます。

　逆に減少している場合は、利益改善もしくはBS改善の可能性を考えます。その際に、保険積立金や長期前払費用を確認し、保険の見直しニーズを探ります。

③「保険積立金（長期前払費用）」で考えること

　保険の見直し提案がイメージできます。

　「短期及び長期借入金」、「純資産の部合計」と併せてチェックすることで、保険積立金を解約して借入金と相殺することでBS改善に活用したり、保険料を削減することで営業利益を捻出しPL改善に活用することを考えます。

　また、BS上の保険積立金計上額では、実際のキャッシュバリューは分からないので、含み損益のチェック・簿外資産の確認ということで保険証券の入手につながります。

（3）運転資金のトライアングル

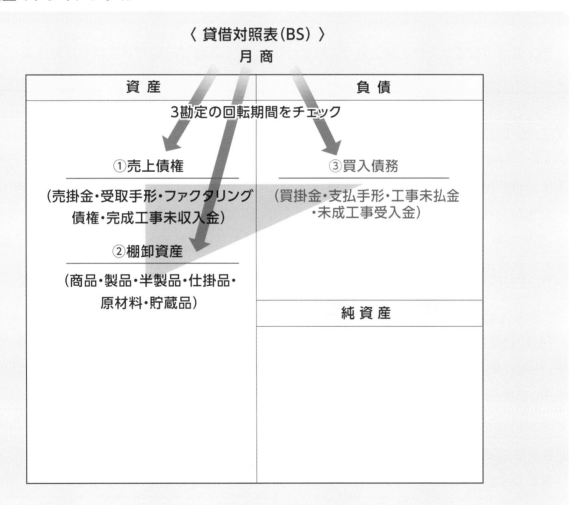

　3つ目のトライアングルは、「売上債権」　⇒　「棚卸資産」　⇒　「買入債務」を結ぶ三角形で、「経常運転資金」を表すトライアングルです。資金繰りへの影響をチェックできますし、勘定科目明細を併せて確認することで、会社の本業、商流、ビジネスモデルを把握することができます。

①「売上債権」とは何か

信用取引（掛取引）により発生した売上にかかる債権のことを「売上債権」と言います。

売上は計上したが代金がまだ未回収の状態のことです。「受取手形」や「売掛金」や「電子債権」のことを指します。

小売店や飲食店など個人客を相手に現金商売をやっていれば、売上代金の未回収は発生しませんが、企業間の取引であればお互いの信頼関係のもと、売上代金を後日決済するという「掛取引」を行うのが一般的です。

＜売上債権のチェックポイント＞

まずは、売上債権回転期間を計算します。

売上債権回転期間とは、売上債権の回収に要する期間がどれくらいかを測る目安です。以下の算式で求めます。

売上債権回転期間（月） ＝ 売上債権（受取手形＋売掛金＋ファクタリング債権など） ÷ 月商

売上債権の回収は会社の資金繰りに直結します。売上債権回転期間が短ければ資金繰りは楽になりますし、逆に長ければ資金繰りは厳しくなります。

ネット検索などで売上債権回転期間の業界平均値を確認し、平均値＋1か月以上の場合は、不良債権か架空売上が混在している可能性があります。

また、「適正に仕訳されているか？」の確認も必要です。例えば、建設業は仕訳が特別で「完成工事未収入金」も売掛金と同じなのですが、「未収入金」として仕訳されているケースもあるので注意します。

勘定科目明細で売掛先（販売先）が分かるので、販売先の信用度や特定の会社への依存度をチェックし、不安があるようなら生命保険を預かるには不適格と言えます。逆に、販売先が複数かつ業績良好な会社であれば、基盤がしっかりしている証になるでしょう。

②「棚卸資産」とは何か

「棚卸資産」とは、いわゆる在庫のことです。販売目的で仕入れた商品や原材料がまだ販売されておらず、社内に滞留している状態です。「商品」、「製品」、「半製品」、「仕掛品」、「原材料」、「貯蔵品」などのことを指します。

＜棚卸資産のチェックポイント＞

まずは、棚卸資産回転期間を計算します。

棚卸資産回転期間とは、棚卸資産が1回転するのにどれだけの期間がかかるのかを表す指標です。要は「在庫が寝ている」期間を示します。以下の算式で求めます。

棚卸資産回転期間（月） ＝ 棚卸資産（商品＋製品＋半製品＋仕掛品＋原材料など） ÷ 月商（※）

※月商ではなく売上原価を用いる算式もあるが、本書では簡易的手法として月商を用いる

在庫期間は短ければ短いほど資金繰りは楽になりますが、一方で、在庫を持たないことによる販売機会ロスも考えなければなりません。

ネット検索などで、棚卸資産回転期間の業界平均値を確認し、平均値+1か月以上の場合は、不良在庫か架空在庫が混在している可能性が高いと思われます。逆に、仕入れたらすぐに売れる商品を取り扱っているケースや、確固とした技術力がある会社の場合は、過剰在庫がないので棚卸資産回転期間が短くなります。ビジネスの基盤がしっかりしている証と言えるでしょう。

それぞれの勘定科目は、業種により呼び方が異なることに注意が必要です。例えば、建設業の場合、メイン科目は「未成工事支出金」で、製造業でいえば「仕掛品」に該当します。「商品」とあれば、既製品を仕入れていることになりますので、小売業や卸売業、飲食業、美容/理容業などのメイン科目となります。

③「買入債務」とは何か

信用取引（掛取引）により発生した仕入れにかかる支払い義務のことを「買入債務」と言います。

商品や材料を購入したがまだ代金を支払っていない状態で、「支払手形」や「買掛金」のことを指します。

「売上債権」と相対する考え方で、企業間の取引であればお互いの信頼関係のもと、仕入代金を後日決済するという「掛取引」を行うのが一般的です。

＜買入債務のチェックポイント＞

まずは、買入債務回転期間を計算します。

買入債務回転期間とは、買入債務をどれくらいの期間で支払っているかを測る目安です。以下の算式で求めます。

買入債務回転期間（月）　＝　買入債務（支払手形＋買掛金など）　÷　月商（※）

※月商ではなく売上原価を用いる算式もあるが、本書では簡易的手法として月商を用いる

買入債務の支払いは会社の資金繰りに直結します。買入債務回転期間が長ければ資金繰りは楽になりますし、逆に短ければ資金繰りは厳しくなります。

売上債権回転期間と同様に業界平均と比較します。

基本的に支払サイトが長ければ資金繰りは安定しますが、赤字傾向で未払いが生じている場合もありますし、逆に仕入割引を効かせるためにサイトを短くしているケースもありますので、「営業利益は連続黒字か？」「売上債権回転期間は平均値以内か？」「手元流動性は2か月以上あるか？」など複眼的に判断する必要があります。

勘定科目明細で買掛先（仕入先）が分かるので、仕入先の信用度や特定の会社への依存度などをチェックし、サプライチェーンの基盤が強固であるか確認ができます。

④「経常運転資金」とは何か

常に必要な運転資金のことで、会社が事業を継続していくために必要な資金のことを指します。要するに、商品や材料を仕入れて、加工し、販売し、代金を回収するまでの間、自前で立て替えるお金のことで、次の計算式で求めることができます。

計算式よりも、図で考えた方がイメージしやすいかと思います。

■経常運転資金の図式化

売上債権 ・受取手形 ・売掛金	仕入債務 ・支払手形 ・買掛金
棚卸資産 ・原材料 ・仕掛品 ・商品・製品	運転資金

　「経常運転資金」は、常に必要な資金になるので、通常は金融機関から融資をうけます。代金が回収できれば返済できますが、次の仕入れのためにまた資金が必要になるので、事実上借りっぱなしになることが多くなります。つまり、「経常運転資金」とは、会社を廻すのに必要なお金ですが、お金が寝ている状態となるため、本来、「短期継続融資」で調達すべき資金なのですが、「長期借入金」で調達していると、毎月の約定弁済があるので資金繰りが悪くなります。そこで融資の見直しニーズにつながるわけですが、融資が見直されることで、必要保障額の見直し、つまり保険の見直しにつながります。ただし、経営者に万一があっても事業継続を前提としている会社であれば、生命保険の必要保障金額から減算します。逆に、未来経営の話をして、数年以内に廃業やM&Aを考えている法人であれば加算して考えます。(融資元金が残るので)

　以上、「運転資金のトライアングル」を見てきましたが、「売上債権」、「棚卸資産」、「買入債務」の3勘定は「経営の本勘定」ともいわれ、本業の回転状況を確認したり、販売先や仕入れ先などの商流(ビジネスモデル)を探ることができるというわけです。加えて、経常運転資金を計算することで、資金調達の適正化をチェックし、場合によっては借入金の見直し提案につながり、借入金が見直されるということは、同時に連帯保証債務対策や事業保障対策の見直しにつながり、生命保険でアテンドする必要が生じるということになります。

6 キャッシュ・ラインの3勘定から会社の状態を読み解く。

　前節でご紹介した戦略のトライアングルである「キャッシュ・ライン」の3勘定ですが、時系列でその増減をチェックすることで、「資金調達の状況」、「これまでの経営の結果」、「会社を維持・継続するのに必要なキャッシュがどれだけ残っているのか」などの会社の状態を概略で掴むことができます。「キャッシュ・ライ

ン」は、単年度の数字や内訳をチェックし、現在の状態を確認するのも大事ですが、必ず前年度あるいは前々年度の数字と比較するようにしてください。それぞれの勘定科目の数字の増減を見ることで、対象の会社はなぜ今の状態にあるのか、過去の経営の背景がイメージできるようになるので、仮説構築と経営者へのヒアリング項目が立てやすくなります。

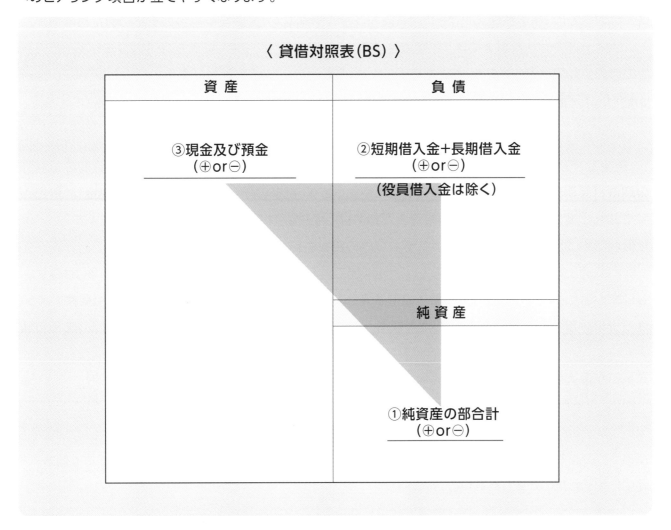

〈 貸借対照表（BS）〉

（1）キャッシュ・ラインの3勘定が増減する理由とは？

キャッシュ・ラインの増減を、①純資産の部合計　⇒　②短期借入金＋長期借入金　⇒　③現金及び預金の順番で見ていきます。

①「純資産の部合計」の増減理由

実は、「純資産の部合計」の増減理由は、「株主資本等変動計算書」を見れば分かります。

「株主資本等変動計算書」も決算書のうちの一つですが、これまで触れてきませんでした。というのも、「株主資本等変動計算書」には、大きく分けて「資本金」、「新株予約権」、「資本剰余金」、「利益剰余金」が掲載されているのですが、「利益剰余金」以外は変動することが少ないからです。つまり、「純資産の部合計」の増減理由は「当期純利益」だということになります。＜第3章・決算書の見方＞でBSとPLは利益でつながっていることを説明しましたが、当期の営業成績である最終利益が黒字であれば、「純資産の部合計」は増加し、赤字であれば減少するというわけです。もちろん、「利益剰余金」以外の資本変動があった場合はこの限りではありませんので、見落とさないように注意する必要はあります。

②「短期借入金＋長期借入金」の増減理由

　借入金の元金返済があれば減少し、新規の融資を受けたのであれば増加します。減少の場合は、短期借入金は、期日一括返済があったのかどうか。長期借入金であれば、約定弁済の元金返済が進んだのか、リスケ等の条件変更をしたのか、などを確認します。また、増加した場合は、その資金使途を確認します。短期借入金であれば、売上が増えたことによる運転資金の増加なのか、賞与や税金の支払いのためなのか、あるいは売上減少や経費増大に伴う赤字資金なのか。長期借入金であれば、新たな設備投資があったのか、その目的や効果はどうなのか、などを確認します。ちなみに、「支払利息」は「費用の発生」なのでPLで分かりますが、「元金返済」は「負債の減少」なので、PLからは読み取れません。

③「現金及び預金」の増減理由

　「現金及び預金」の増減理由は読み解くのが少々難しいです。基本的には、前述した「純資産の部合計」の増減・「短期借入金＋長期借入金」の増減に連動します。前者の場合、黒字であれば「現預金」は増加、赤字であれば減少し、後者の場合、新規借入があれば「現預金」は増加、元金返済が進めば減少する、といった具合です。読み解くのが難しいのは、それ以外の要素も絡んでくるからです。

　例えば、売上好調で利益も元金返済以上に十分に出ているにも関わらず、「現預金」が減少しているのはなぜか？もしかすると、売上好調な理由は、新規の得意先との取引がスタートし、その得意先との取引条件によっては、「受取手形」や「売掛金」の増加、仕入れ先行による「在庫」の増加があるのかもしれません。あるいは、手元キャッシュを使って、新規の機械導入などの設備投資を行ったのかもしれない。もしくは、終身保険の支払いが過大なのかもしれない。

　逆に、売上低調で赤字にもかかわらず「現預金」が増加しているケースもあり得ます。なぜか？土地を売却したが含み損を抱えていたのかもしれません。季節変動要因でたまたま決算期直前に大口の現金取引があったのかもしれない。あるいは、過去に契約した低解約返戻金タイプの終身保険を仕方なく低解約期間中に解約したのかもしれない。

　以上のように、「現金及び預金」の増減理由には、実に様々な要因があり、キャッシュ・ライン以外も含めた各勘定科目の増減の結果が「現金及び預金」に現れるのです。「現金及び預金」の動きを管理することが大切だと言われる所以でもあります。

（2）キャッシュ・ライン増減の8つのパターン

　たとえば、前年との比較で数字の増減をそれぞれプラス（＋）、マイナス（−）であらわすと、次の表のように8パターンに整理できますが、前項の増減理由を踏まえて、それぞれのパターンにおける会社の状態を想像してみます。

■キャッシュ・ライン増減＋−の表

	①	②	③	④	⑤	⑥	⑦	⑧
①純　資　産	−	−	−	−	＋	＋	＋	＋
②短期借入金＋長期借入金	−	＋	＋	−	＋	−	−	＋
③現　預　金	−	−	＋	＋	＋	＋	−	−

① （　－　－　－　）の状態

　純資産が減少しているので、当期は赤字決算で繰越利益剰余金が減少したけれども、手持ちキャッシュで借入金を返済することができた。したがって、現預金、借入金ともに減少したと考えられます。利益減少の原因はPLに戻って、「売上の減少か?」「仕入価格の高騰か?」「経費の増大か?」「特別損失か?」しっかりとチェックしなければなりません。キャッシュに余裕はあるのか、今後の資金繰りの観点から、手元流動性（現預金月商倍率）も併せてチェックする必要があります。

② （　－　＋　－　）の状態

　赤字決算で資金繰りが悪化し、銀行からの追加融資を受けて何とか凌いでいる状態かもしれません。現預金も減少しているので、追加融資は十分な額だったのでしょうか?借入金内訳のチェックが必要になります。利益減少の原因は、やはりPLや勘定科目明細にてしっかりと追及しなければなりません。

③ （　－　＋　＋　）の状態

　赤字決算で純資産は減少したけれども、銀行から据置期間付きの多額の融資を受けたことにより現預金残高も増加したのかもしれません。先行きが不透明なので融資資金を事業に投資するわけにもいかず現預金のまま置いている状態。
コロナ融資を受けた中小企業の多くがこの状態だったと思われます。

④ （　－　－　＋　）の状態

　赤字決算なのに借入金の返済も進み、銀行からの追加融資も受けることができず、かなり資金繰りとしては厳しいはずですが、社長個人の資産から会社に貸し付けてなんとか凌いでいる状態かもしれません。あるいは、含み損を抱えた有価証券や不動産の売却によりキャッシュを捻出したのでしょうか。

⑤ （　＋　＋　＋　）の状態

　純資産が増加しているので、当期決算は黒字で堅調だったことが分かります。しかし、先行き不透明なので、コロナ融資を受けてキャッシュポジションを高くし、将来に備えているのかもしれません。

⑥ （　＋　－　＋　）の状態

　黒字決算で、借入金の返済額以上のキャッシュを生み出すことができたので現預金も増加していると考えられます。通常の状態であれば理想的な経営状態といえるかもしれません。キャッシュの内訳として営業外収益や特別利益、あるいは減価償却費も併せてチェックする必要があります。

⑦ （　＋　－　－　）の状態

　黒字決算ですが、借入金の元金返済負担が大きく、手持ちキャッシュを減少させています。近い将来、資金繰りが悪化する可能性があるので、PL項目をチェックし収益改善、あるいは融資の借り換えなど財務戦略の見直しが必要になるかもしれません。

⑧ （　＋　＋　－　）の状態

　黒字決算で、銀行から追加融資をうけて、手持ち資金も使いながら設備投資をしている可能性があります。事業拡大か新規事業への進出の可能性もありますので経営者へのヒアリングで確かめる必要があります。

以上、8つのパターンで考えられる会社の状態を探ってみました。

もちろん、これらのシナリオはあくまでも仮説にすぎません。他の勘定科目の数字や動き次第では全く違うシナリオも考えられます。大事なのは、決算書を読み、あなたの頭の中で会社の状態をイメージし、仮説を立てることです。そして仮説を基に経営者にヒアリングを行うことが大切です。そのために、素早く仮説を立て、会社の状態を探るのに便利なフォーマットが「キャッシュ・ラインの3勘定」というわけです。

（3）現預金と借入金のバランスを知ることが法人生保販売のコツ

キャッシュ・ラインの中でも、「現金及び預金」と「短期借入金＋長期借入金」のバランスには特に注意を払います。

基本的に、両者の間にはトレードオフの関係があります。トレードオフとは、両立できない関係性のことを言います。「デザイン性と機能性」、「安全性とコストダウン」が両立しづらいのと同じように、財務の世界でも様々なトレードオフがあります。例えば、経常利益率を高めようと経費を抑え効率経営を求めることで、売上高成長率の低下を招いたり、あるいは、法人税の節税を求めることで、自己資本比率の低下を招くなどです。よくある話で、棚卸資産回転期間の向上を求めて在庫を持たないようにしたことで、販売機会のロスになって逆に売上の低下を招いたり、まさに「あちらを立てればこちらが立たず」という状態になってしまいます。

このトレードオフの関係にある両者のバランスを取ることがなかなか難しいのです。

どういうことかと言うと、例えば、銀行から追加融資の提案があった際に受けるべきか否か、相談があったとしましょう。受ければ現預金が増え、「手元流動性」は良化しますが、一方、「借入月商倍率」は悪化します。逆に受けなければ、「借入月商倍率」の悪化は免れますが、「手元流動性」も良くはなりません。

まさに「手元流動性」と「借入月商倍率」は、トレードオフの関係にあります。

「現金及び預金÷月商」が「手元流動性」で、月商の何か月分の現預金を持っているのかが分かります。

「借入金÷月商」が「借入月商倍率」で、月商の何か月分の借入金があるのかが分かります。

両者とも「○ヶ月」で表すので、バランスが見やすくなります。

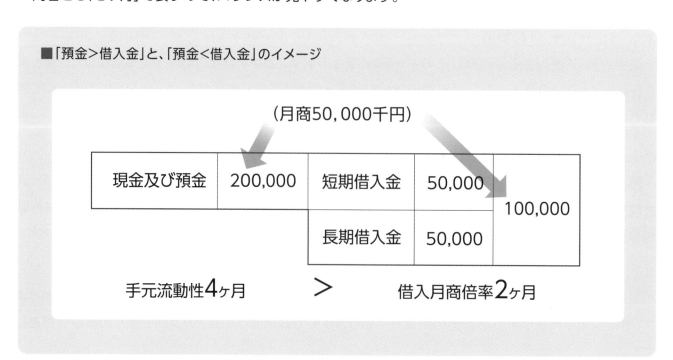

■「預金＞借入金」と、「預金＜借入金」のイメージ

（月商50,000千円）

現金及び預金	200,000	短期借入金	50,000	100,000
		長期借入金	50,000	

手元流動性4ヶ月　＞　借入月商倍率2ヶ月

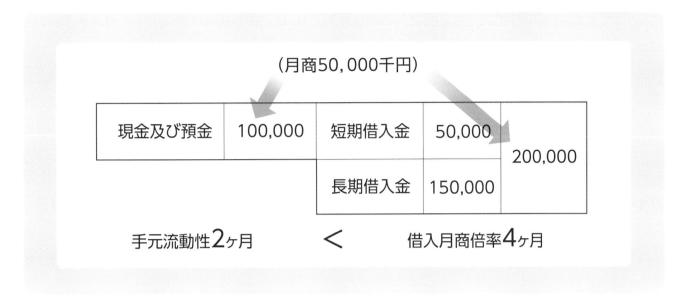

　「手元流動性」は、2か月以上あれば青信号、1〜2か月であれば黄信号、1か月以内は赤信号です。ただし、融資を受けている銀行の定期預金は除外して計算します。

　「借入月商倍率」は、2か月以内であれば青信号、2〜3ヶ月は黄信号、3か月以上あったら赤信号です。

　ただし、役員借入金の返済意思を確認し、返済の最中であれば短期借入金とみなし、返済を当面考えていないのであれば資本金とみなして考えます。

　「手元流動性」と「借入月商倍率」を使って、現預金と借入金のバランスを簡易診断するわけですが、バランスが悪ければ、融資の見直しとなりますので必要保障額が変わり、生命保険の見直しにつながります。

　「手元流動性」の計算の際、融資を受けている銀行の定期預金は除外すると書きましたが、なぜ除外するかというと、その定期預金は「みなし担保」である可能性が高いからです。「みなし担保」とは、担保提供していないものの実質的には担保とみなされ、自由に使いにくい定期預金のことになります。であれば、「みなし担保」となっている定期預金を借入金と相殺することで、借入金総額を圧縮することができます。もちろん、必要保障額も圧縮できるので保険の見直しにつながります。

（4）みなし担保、実質金利について

　多くの経営者は「みなし担保」のことを知らないので、借入金と相殺することのメリットをお伝えすると、驚かれ、喜ばれます。併せて「実質金利」についての情報もお伝えしましょう。たとえばこんなやりとりです。

営業　「社長、御社の月商は1億円でしたよね。」

社長　「そうだね。」

営業　「で、現在の借り入れは月商の3ヶ月分、対して現預金残高は2か月分と伺いましたが。」

社長　「うむ、大体そんなもんだな。」

営業　「預金の内訳はどうなっていますか?」

社長　「0.5か月分の普通預金と、0.5か月分の当座預金、それに1か月分の定期預金だよ。」

営業　「なるほど。定期で1か月分ということは、、、1億円預けているのですね。"まさか"借入のある銀行に預けてないですよね?」

社長　「そうだが、何か問題でも?」

営業　「たとえば、感染症の流行など想定外の事態が起こり、急に資金繰りが悪くなって、リスケを検討しなければならなくなったとします。その場合、その定期預金は解約できると思いますか?」

社長　「解約できなかったら困るな・・・」

営業　「ですよね。ですが、融資の条件変更が行われる際には、銀行は自行の口座は真っ先に押さえることができるのです。銀行からしてみたらその定期預金は担保と同義なのです。まさに「みなし担保」です。」

社長　「そうなのか。」

営業　「ですので、その定期預金1億円は今のうちに解約して借入のない他行に移しておくことが得策かと。あるいは、借入金と相殺すれば、金利負担を圧縮でき、さらに毎月の返済額も減少するので、資金繰りがラクになりますよ。ちなみに、定期を預けている銀行からの借り入れはどのくらいですか?」

社長　「シェア3分の2くらいだから大体2億円かな。1.5%の金利で借りているよ。」

営業　「ということは、金利だけで年間大体300万円支払っていることになりますが、別の見方をすれば、2億円を1.5%の金利で借りていても、動かせない定期預金1億円があるということは、使えるお金は2億−1億＝1億円ということになります。実質1億円しか使えないのに金利は300万円なので、「実質金利」は3%ということになりますね。」

社長　「実質金利か。そういう考え方は知らなかった。手元にキャッシュがある安心感からそうしていたが、定期を解約して借入と相殺することも検討してみよう。ありがとう。勉強になったよ。」

第 5 章

決算書の「預かり方」

決算書の見方と読み方がある程度分かったところで、後は、実際の決算書を数多く読むことで財務力は確実に身につきますが、肝心の決算書を入手できなければ話になりません。第5章では、決算書の預かり方について見ていきます。

1 社長の本音。社長との距離を縮めるためには?

社長との人間関係がある程度できている場合でも決算書はなかなか預かりにくいものです。なぜ、簡単にお預かりできないのでしょうか?

決算書に対する経営者の気持ちや、保険パーソンに対して抱いているイメージを想像してみると、次のようなことが考えられます。

> 「決算書は自社の機密事項。税務署と銀行以外に見せる必要はない。」
>
> 「決算書は自社の成績表。黒字ならまだしも赤字の場合、他人に見せるのは恥ずかしい。」
>
> 「保険パーソンに決算書を預けると、保険提案をしつこくされるんじゃないだろうか。」
>
> 「保険パーソンに決算書が読めるわけがない。」
>
> 「保険パーソンが自社のことを勉強してきているとは思えない。」
>
> 「そもそも信頼関係もできていないのに決算書を預ける筋合いはない。」

このようなイメージを次のように変換できればどうでしょうか。

> 「決算書を見せることで有益な情報が得られるのであれば・・・」
>
> 「成績が良くなる可能性があるのであれば、恥ずかしいなどと言ってる場合じゃない。」
>
> 「保険提案ありきではなく、財務分析や経営改善のヒントであれば話を聞いてみてもいいかな。」
>
> 「他の保険パーソンとは違って、多少、財務知識がありそうだな。決算書を預けて実力を試してみようか。」
>
> 「自社のことを、わりと分かっているな。しっかり事前準備してきたようだ。」
>
> 「この人は信用できる。相談できそうだ。」

決算書を預かる確率は飛躍的に高まるのではないでしょうか。そのためには、経営者との面談時に対等に対話ができなければなりません。経営者が興味を抱くことに対して仮説を立て、的確な質問事項を用意することで、対話が成立するのです。その結果、決算書をお預かりし、次回の面談につながります。つまり、決算書をお預かりするには、経営者の気持ちや保険パーソンに対する先入観をひっくり返すための事前準備が必要だということです。もちろん、経営者からしてみれば、大切な会社の決算書を預けるわけですから、財務知識云々の前に、相応の人間関係が構築されていることが前提であることは言うまでもありません。

2 訪問前の事前準備について

決算書をお預かりするには、経営者にとって決算書を預けてもいい相手、つまり、財務分析の基礎知識があって、銀行融資の相談ができる相手だと認めてもらうことがポイントとなります。そのためには、訪問前の事前準備に力を入れます。

経営者の興味・関心事あるいは悩みごとの上位3つは、

経営者の興味・関心事・悩みごと

上位3つ

①業績　（売上高、利益）
②資金繰り　（銀行融資）
③人に関する問題　（従業員、後継者）

と言われていますので、この3つにフォーカスして事前準備を進めます。

事前準備とは、定量情報と定性情報を収集し、仮説を立て、質問事項を用意することになります。

定量情報は、官報に報告している会社であれば決算書を入手。そうでなければ、帝国データバンクや東京商工リサーチなどの調査会社から調査概要書を入手します。併せて、「TKC経営指標」や日本政策金融公庫の「小企業の経営指標」から業種別の経営指標を入手します。

定性情報は、①会社のホームページ、②調査会社の調査概要書、③商業登記簿謄本や不動産登記簿謄本、④新聞・ネットなどの記事、⑤現場（店舗、工場、オフィス）から収集します。併せて、業界情報として、⑥業種別審査事典やEDINET、新聞・ネットなどから業界動向を収集します。

①ホームページから分かること
　　企業理念、会社概要、沿革、取扱品目、広告・販促キャンペーン、最近のトピックスなど
②調査会社の調査概要書から分かること（定量/定性情報）
　　評点、従業員数、創業年月、3年間の売上高及び利益、自己資本比率、取引銀行、販売先、仕入先、
　　代表者の生年月日・自宅住所・出身地・出身校
③商業登記簿謄本や不動産登記簿謄本から分かること
　　商号、本店所在地、設立年月日、目的、資本金、役員に関する事項　（商業登記簿謄本）
　　表題部・甲区・乙区に関する事項　（不動産登記簿謄本）
④新聞・ネットなどの記事から分かること
　　新製品、イベント、事故、トラブル、社長の行動やプロフィールなど
⑤現場（店舗、工場、オフィス）から分かること
　　客層、活気、社員、雰囲気、設備や機械、など
⑥業種別審査事典から分かること
　　業種の特色、市場規模・トレンド、業界動向、業務内容・特性、業種分析のポイント、財務諸表の
　　見方など

競合、販売先、仕入先についても同様に調べておきます。

定量情報については、業種別の経営指標の平均値を押さえて対象企業と比較します。

これらの定量情報と定性情報から、会社の状態を想像し、仮説を立てます。あくまでも仮説なので間違っていても構いません。ただし、前述した経営者の興味・関心事である、「業績」・「資金繰り」・「人に関する問題」にフォーカスすることを忘れないようにしてください。たとえば、会社の定量情報と業種別の経営指標から、売上高、利益率、従業員一人当たり売上高、従業員一人当たり人件費などの比較をして仮説を立てることは大切なポイントになります。

　また、会社の課題仮説を考えるときに役立つのが、「業種別審査事典」や「EDINET」になります。

　「業種別審査事典」は「きんざい」が提供している有料のサービスですが、「EDINET」は金融庁が公開している有価証券報告書などの開示閲覧ができるシステムです。中小企業の多くが抱えるリスクや課題は、上場企業が抱えるそれと同じような傾向があるものです。上場企業の有価証券報告書には、「対処すべき課題」や「事業等のリスク」という項目が記載されていますので、同業種で複数の企業（売上規模で大・中・小など）を見比べてみて共通している課題やリスクを見つけたら、ほぼ間違いなく対象の会社にも当てはまります。

　仮説を立てたら、質問事項を考えます。

　「業績」・「資金繰り」・「人に関する問題」について、立てた仮説の答え合わせをするイメージで考えると質問項目を出しやすいと思います。たとえば、粗利率が下がった会社に対して、「なぜ粗利率が下がったのですか?」と質問するのではなく、「原油高や円安で材料高だと聞きますが、粗利率が下がったのは仕入れコストの上昇が影響しているのでしょうか?あるいは他に要因があるのでしょうか?」という具合に、仮説を基に掘り下げた質問を考えるようにします。質の高い質問からは、質の高い情報が得られるものです。質の高い情報が得られれば、「的を外さない提案」ができるようになります。

　このように面談時の質を高めるためにも、「情報収集　⇒　仮説構築　⇒　質問の用意」という事前準備がポイントになるのです。

■事前準備のフローチャート

情報収集	仮説構築	質問の用意
●定量情報 ●定性情報	●業績 ●資金繰り ●人に関する問題	●業績 ●資金繰り ●人に関する問題

3 社長に興味を持ってもらうトークとテーマ

　事前準備を入念に済ませて経営者と面談のアポイントも取りました。ところで、アプローチの目的は、決算書をお預かりし、次回のアポイントを取ることです。ここで注意しておかなければならないのは、企業や経営者の潜在的な課題が明確になる前に保険の提案をしないということです。いきなり保険の話をしてしまっては、信頼を損なってしまうばかりか、「やっぱり保険屋さんは・・・」となりかねません。とはいえ、用意した質問の答え合わせをして、単なる対話だけで終わってしまっても意味がありません。的確な質問による質の高い面談を行うことで、「この人は、財務分析の基礎知識があって、銀行融資の相談ができる相手だな。」と認めてもらいながらも、対話の中で、経営者にハッと思わせるフックをかける必要があるの

です。決算書を預かるためには、経営者に「気づき」を与えなければなりません。ここからは、「気づき」のヒントとなるトークやテーマをご紹介します。

(1) 会社の健康診断書

社長は自分自身の身体が資本なので、健康診断は毎年やっているはずですよね。

会社も同様に健康診断を行って健康状態を定期的にチェックする必要があります。

決算書はいわば会社の健康診断書。売上高が身長、総資産が体重、純資産が筋肉、キャッシュが血液です。

つまり、会社の健康診断を行うことで、自社のプロポーションや血液の流れのチェックができるのですが、「健康診断書」として決算書を見たことがありますか?

例えば、プロポーションだとバランスが大事。身長に対して体重が多すぎればメタボだと言えますし、逆に、身長が高くて体重が少なすぎるのも痩せすぎですよね。

いわば会社のBMIを見る財務指標としては、総資産回転率(売上高÷総資産)があります。

また、会社は永続的に発展し続けなければなりません。そのためには、会社を人間の体に例えるならば、体の隅々にまで血が通い、つねに活性化されている引き締まった肉体を持つものにしなければならない。つまり、贅肉の少ない筋肉質の企業をめざしたいものです。よく「筋肉質な経営」などと言われますが、無駄な資産を持たず、キチンと税金を払った後の利益を着実に積み増すことで、会社の筋肉である純資産は厚くなり、自己資本比率が高まります。まさに筋肉質な企業になるのです。

ところで、社長は決算書のどこにいると思いますか?

BSのイメージ図を描きながらこんな質問を投げかけるのも、決算書に関心を持たせるためのきっかけになります。

社長はBSの中で、純資産のところにいて、負債を支えているのです。

純資産が厚ければラクに支えることができますが、薄ければ今にも潰されてしまいそうになります。そして、従業員が全員で社長を下支えしているのです。「企業は人なり」です。

■会社を支える社長

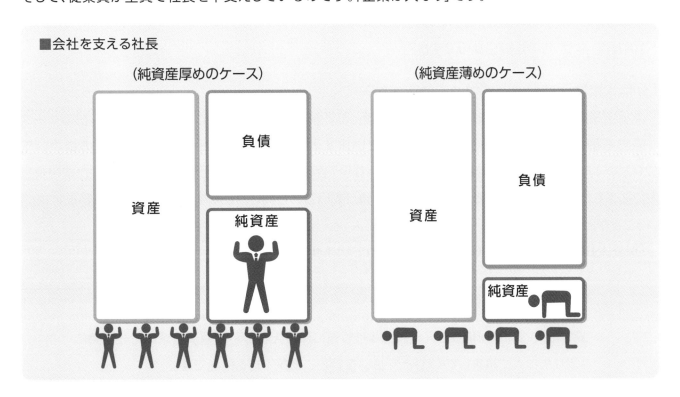

いかがでしょう。私と一緒に決算書をチェックして現状を把握し、筋肉質な会社を目指しませんか?

(2) なぜ、この決算日なのですか?

企業の決算と言えば3月というイメージがありますが、国税庁の「決算期月別法人数」を見ると、事業年度年1回の法人数264万社のうち54万社が3月決算で、確かに一番多いです。次いで、9月、6月、12月、8月、5月、7月と続きますが、いずれの月も20万社台で大差ありません。

余談ですが、264万社のうち利益計上法人は88万社で、残りの164万社は欠損法人です。なんと企業の3社に2社は赤字なのです。

さて、なぜ3月決算が多いのでしょうか?

そもそも、ちゃんと理由があって決算月を決めているのでしょうか?

いったい、決算月はどうやって決めたらいいのでしょうか?

資金調達の観点から決めるのであれば、決算書の「見栄えが良くなる」月を選ぶのが正解です。

では、「見栄えの良い決算書」とは、どんな決算書なのでしょうか?

それは、銀行が決算書のどこに注目するかを意識し、この会社にならおカネを貸しても大丈夫、いや、貸したいと思わせる決算書です。

P/Lは1年間の結果ですから、決算月によって見栄えはそう変わりませんが、B/Sは決算日における一時点の報告書ですから、細かいことを言えば決算月というより決算日によって、その表情はガラリと変わるのです。

銀行が真っ先にチェックするであろう、現預金、長短借入金、利益の積み増しである純資産の部の「財務戦略のキャッシュ・ライン」はもちろんのこと、経常運転資金算出でチェックする「売上債権、棚卸資産、仕入債務」の見栄えが良くなる月(日)はいつかを考えるとよいでしょう。

では、いつにしたらいいのか?

そのためには、過去の決算書を分析して、季節変動要因を見てみると、「見栄えの良い」決算書になりそうな月(日)が見えてくるはずです。

このような観点から、社長に聞いてみてください。

「御社は、なぜ、この決算日なのですか?」

(3) 借入には経営者保証が付いていますか?

中小企業の多くは事業継続のための資金調達として銀行融資を利用していますが、ほとんどのケースで経営者個人が会社の借金の保証人となっています。中小企業庁のデータ(経営者保証の提供状況(2020年))によると、「経営者保証を提供していない」会社はわずか20%となっています。特に、連帯保証人になっている場合は、経営者個人が借金を背負っているのと同じことになるので注意が必要です。どういうことかというと、「連帯保証人」と単なる「保証人」との違いを理解する必要があります。

「保証人」には、民法により次の権利が与えられています。

・催告の抗弁権(民法452条)

　　貸した人(銀行)が借りた人(会社)よりも先に保証人(社長)に返済を求めてきた時に

　　「借りた本人に請求してくれ」と支払いを拒むことができる権利です。

・検索の抗弁権（民法453条）

　　　貸した人が借りた人に返済を求めてきても、借りた人に財産があるならば、「借りた人の財産を先に差し押さえてくれ」と要求できる権利です。

・分別の利益（民法456条）

　　　数人で保証人をしている（共同保証）場合、保証人は保証人の頭数で割った額だけを分割して返済すればよい権利です。

単なる「保証人」は、この3つの権利を主張できますが、「連帯保証人」は一切主張することができません。つまり、連帯保証人は主債務者と同じという解釈になるのです。

要するに、経営者保証債務があるということは、「会社が債務を返済できなくなった場合に経営者個人が返済する」ということなのですが、注意点はこれだけではありません。

それは何かというと、経営者に万一のことがあった場合です。

死亡時は「連帯保証人」の地位は相続されるため、相続人であるご家族が連帯保証人になります。つまり、法人の返済が滞ると相続人であるご家族の個人資産で債務を返済しなければならないのです。

連帯保証債務が相続財産であることは保険パーソンにとっては常識かもしれません。しかし、社長が融資契約でサインをする前に、「連帯保証債務が相続財産である」ということを、どれだけの銀行担当者がお伝えしているのでしょうか。事実、連帯保証債務が相続財産であることを知らない方が非常に多いのです。

ところで、「信用保証協会付の融資であれば会社が返済できなくなっても、保証協会が肩代わりしてくれるから大丈夫じゃないか?」このように思う経営者もいらっしゃるかもしれません。確かに、返済が滞った場合、銀行に対して信用保証協会が代わりに支払ってくれます（代位弁済）が、その後保証協会は、社長個人へ返済を求めてきます。債務がなくなることにはならないのです。

家族にまで連帯保証債務を負わせてしまう事態を回避する方法はないのでしょうか?

実は、信用保証協会付融資には、個人における住宅ローンと同じように、団信（団体信用生命保険）を付けることができます。債務を全額返済しないうちに連帯保証人である社長が亡くなった場合、保険会社から信用保証協会に保険金が支払われ、残債の支払に充てられるというものです。それにより、相続人が返済義務を負うことはなくなります。

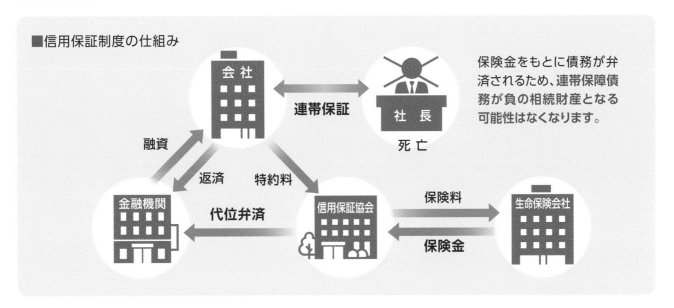

■信用保証制度の仕組み

保険金をもとに債務が弁済されるため、連帯保障債務が負の相続財産となる可能性はなくなります。

ただし、団信に加入できるのは新規借入時だけで途中加入はできませんので注意が必要です。

にもかかわらず、融資契約時に「団信」の説明を担当者がしていないのか、していても社長が聞いていないのか、団信を付保している会社は少ないのです。

では、どうすればいいのか?

説明不要だと思いますが、借入後に取れる対策は法人向け生命保険、ただ一つです。

経営者が亡くなった場合に、会社が保険金を受け取り、それを原資に借入金を返済するというものです。

蛇足になりますが、会社が返済できなくなる「万一」の事態は、経営者の死亡に限った話ではありませんよね。影響力のある幹部社員も含めて会社のキーマンが仕事ができない状態になった場合も、財務状況が一気に赤字体質になってしまうこと(財務インパクト)も忘れてはいけません。

以上が、「経営者保証債務対策」になるのですが、このことを頭に入れた状態で社長に聞いてみてください。

「借入には経営者保証が付いていますか?」

(4) 借入金の経営者保証を外したくありませんか?

前述した「経営者保証債務」は、社長が正に人柱になっているようなものです。経営の規律付けや資金調達の円滑化に寄与する面があるとする一方、思い切った事業展開や早期の事業再生、あるいは円滑な事業承継の妨げになっているという指摘もあります。これらの課題の解決策として「経営者保証に関するガイドライン」が策定(全国銀行協会・日本商工会議所)されました。平成26年2月1日から適用となっていますが、法的拘束力がないため、銀行はなかなか経営者保証を外してくれません。

そこで、このガイドラインのポイントを理解して、条件を満たすことができれば、銀行と交渉して経営者保証を外せる可能性は高くなります。そのためには決算書をお預かりして財務状況をチェックするお手伝いをする必要があるのです。

ガイドラインのポイントは以下のとおりです。

①会社の財務状況・資産背景・返済能力が十分に満たされている会社は、今後の融資取扱時には、銀行と協議した上で経営者保証を付けない融資の取扱も可能になった。

②会社が事業再生のフェーズに来ている時には、ガイドラインに基づく保証債務の整理で対応して、合理性に基づく債権回収と経営者の早期生活再建の支援に取組む。

③事業承継時の旧経営者の連帯保証人の解除を柔軟に対応していく。

ガイドラインのポイントに基づき、銀行は、経営者保証の要否判断を次の5つの視点で行います。

①法人と経営者個人の資産や経理が明確に分離されている。

②法人と経営者の資金のやりとりが社会通念上適切な範囲内にある。

③法人の収益力・資産だけで返済できる。

④法人が財務情報などを適宜提供している。

⑤十分な物的担保がある

経営者保証を外した場合の保証機能を代替する融資手法について、メニューの充足を図るように銀行は金融庁から指示されています。以下のようなメニューがあります。

①停止条件または解除条件付保証契約と特約条項

②在庫や売掛金を活用した融資の積極的活用

③金利の一定の上乗せ

④経営者保証ガイドライン対応保証制度融資の活用

事業再生時の対応については以下の通りです。

①破産や民事再生などの法的手続きを取った場合とガイドラインを適用した場合の債権回収額を判断する。

②支援専門家を介在させて5ヶ年弁済計画を作成の上、金融機関に提出して対象債権者の全てから同意をもらう。

③保証債務のみを対象とする整理手続きと、主たる債務と保証債務の一体型の整理手続きの2つがある。

④債務整理後に残せる自由財産は

　　1)債務整理申し出後に新たに取得した財産

　　2)差異押さえ禁止財産(生活に欠かせない家財道具など)

　　3)現金99万円を手元に残せる。

⑤ケースによっては華美ではない自宅や一定期間の生計費も残せる。

　　金額は月額33万円。一定期間とは、雇用保険の給付年齢に対応する機関の範囲内。

事業承継時の対応については以下の通りです。

①前段の要否判断の5つの視点①〜⑤を債権者は確認して問題ないか確認をする。

②旧経営者が会社から社会通念上、適切な範囲を超える借入を受ける場合は、返済してもらうことを保証人解除の要件としている。

③会社に建物や土地を貸している場合も、前経営者にとっての便益になる。会社との賃貸契約を解除させなくても、賃料水準を確認して適正かどうか確認する。

④経営者が拒否権付き株式(黄金株)を有していないか確認する。会社法108条1項8号を参考。

「経営者保証に関するガイドライン」をテーマに話をする際のポイントとして、

①連帯保証債務は相続財産である。

②しかし、連帯保証債務は債務控除の対象財産にならない。(相続税法と民法の解釈の相違)

③相続放棄するとしても第三順位まで手続きが必要。誰かに迷惑が掛かる。

④経営者は会社に対する財務インパクトをイメージしているようでしていない。

⑤連帯保証債務は相続だけではなく、実は事業承継の時にも大きく関係してくる。

以上を念頭に、「借入金の経営者保証を外したくはありませんか?」と聞いてみてください。

(5) BSには3つの顔があります。(決算書クリーニング)

貸借対照表(BS)には、朝顔、昼顔、夜顔みたいに、3つの顔があることをご存知ですか?

「通常BS」、「継続BS」、「清算BS」という3つの顔があるのです。

どういうことかと言うと、法人税申告の際に添付する通常のBSには簿価と時価が混在していて、会社の実態を正しく表していないので、会社の実力を正しく評価するために、銀行は資産に対して時価で評価し直すのです。

つまり、「通常BS」にストレスをかけて実態を把握しようとするのです。

これが「実態BS」と言われるものですが、実は「実態BS」には2段階あるのです。

第1段階が、事業継続を前提とした「継続BS」です。

今の会社の実力・実態に近い姿となります。銀行が御社のことをどのように見ているのかがよく分かります。

第2段階では、さらにストレスをかけ、仮に事業を停止したとして、決算書がどのように変わるのかを見てみます。

これが、「清算BS」です。

例えば、ある会社で、利益の積み増しである「純資産」が1億あったとして。

「資産の部」に対して、次のようにストレスをかけていきます。

売掛金は回収できるのか?長期未回収などないか?

滞留している在庫はないか?店を閉めたとして、その在庫に価値はあるのか?

閉店セールなら「半値八掛け二割引き」と言われるように32%くらいの価値しかないのでは?

不動産はどうか?含み損はないか?簿価で売れるのか?

その他、価値のない会員権などないか?

・・・

このように、事業を清算したら、保有している資産を投げ売りしてでも換金処分しなければなりません。

その結果、仮に1億5000万の評価減になったとしたら、純資産はマイナス5000万になってしまいます。

いわゆる、「実質債務超過」状態です。

つまり、事業を清算しても借金が残ってしまう状態です。このような状況で清算なんてできますか?

そうなったときに、社長はどう対策されますか?というお話です。

もちろん、会社は事業継続を前提として日々活動をしているわけですが、昨今、コロナによる影響や、後継者難による事業承継問題もあり、事業清算、廃業という選択肢も視野に入れなければならないのが現実です。

ちなみに、BSを精査して3つの顔で表すことを、日本財務力支援協会では「決算書クリーニング」と呼んでいます。

(6)「資本性劣後ローン」はご存じですか?

コロナ禍で資金繰りに苦しむ中小企業に対して、政府系金融機関では「資本性劣後ローン」の提供による支援を行っています。(※2023年3月で終了予定)

資本性劣後ローンとは、融資を受けた企業が倒産した場合に、他の負債より返済の順位が後回しになるため、金融機関からは「自己資本」とみなされる特徴を持っています。つまり、「みなし」自己資本比率が高まるので、他の金融機関からの追加融資も期待できます。

また、5〜20年後に一括返済となるので、借入期間中は一切返済する必要はありません。よって資金繰りの安定化につながり業績の回復に専念することができます。

金利が高めだという声もありますが、業績連動なので赤字の場合は低金利ですし、黒字であれば、ある意味「金利」というよりは「配当」に近いとも言えるでしょう。

■資本性劣後ローン仕組み図

通常の融資との違い

通常の融資を受けた貸借対照表

| 資産 | 負債
通常の融資は
負債に含まれる |
| | 純資産 |

資本性劣後ローンによる融資を受けた貸借対照表

| 資産 | 負債 |
| | 純資産
資本性劣後ローン
による融資は
資本に見なされる |

資本制劣後ローンの概要は以下の通りです。

中小企業向けの資本性劣後ローンは、日本政策金融公庫と商工中金が中心となって展開しています。同ローンの対象となる中小企業は、新型コロナウイルス感染症の影響を受けた法人または個人企業で、かつ以下の1〜3に該当する企業となります。

1. J-Startup（※）に選定または中小機構が出資する投資ファンドから出資を受けた事業者
   ※経済産業省が推進するスタートアップ企業の育成支援プログラム
2. 再生支援協議会の関与のもとで事業再生を行う事業者
3. 事業計画を策定し、民間金融機関等による協調支援を受ける事業者

返済期間は5年1ヵ月／7年／10年／15年／20年のいずれかで、貸付限度額は10億円。融資後3年間の利率は0.50％で、3年経過後に直近決済で純利益が0円以上あった場合、利率が2.6％以上に上がります。申し込み時の担保・保証人は不要となります。

利率（年）

税引後当期純利益額	期間5年1ヵ月	期間7年	期間10年	期間15年	期間20年
0円以上	2.60％	2.60％	2.60％	2.70％	2.95％
0円未満	0.50％	0.50％	0.50％	0.50％	0.50％

（※）日本政策金融公庫「新型コロナウイルス感染症対策挑戦支援資本強化特別貸付（新型コロナ対策資本性劣後ローン）」を基に編集部で作成

4 未来経営の話をする

　決算書を預かるために、訪問前の事前準備、経営者が興味を持ちそうなテーマの話をご紹介しましたが、つまるところ、最も大事なポイントは、経営者の心を開き、一緒に「未来経営」の話をできるか、という点に尽きます。「未来経営」とは簡単に言うと、経営計画の話を経営者に確認していくことです。決算書は過去会計ですが、経営計画の策定には過去の振り返り、決算書の分析なくしてはできませんので、未来経営の話ができれば決算書を預かる可能性は格段に上がります。

　では、未来経営の話をどのように進めていけばよいのでしょうか。

　個人でも法人でも、「過去⇒現在⇒未来」という時間の流れは同じです。

　みなさんが個人の生命保険をお預かりする際、ファクト・ファインディング（FF）を取組むときに以下のような内容を確認しているのではないでしょうか

ファクト・ファインディング（FF）を取組むときに **確認する内容**	1. 現在の仕事について 2. 休日の家族との過ごし方について 3. 子供の教育について 4. 住宅環境について 5. 老後について

　この5つの内容について、イメージを膨らませながら一つ一つ確認していくとお客様との話が盛り上がることは、みなさんもご経験があるかと思います。そして、家族との楽しい休日や子供の成長、老後の生活のイメージが最高潮に達したところで、万が一の話をすると将来に対する不安や不満（保障に対するニーズ）が引き出せる可能性が高くなるのです。（潜在ニーズの顕在化）

　このように、みなさんは個人の生命保険で家族のあるべき姿を確認していると思いますが、法人も同様なのです。「現在・過去・未来」の質問をしていきながら、あるべき姿を確認することが法人生保FFの型になるのです。

　法人生保のFFを取組む際の質問イメージは以下のとおりです。

> 1. **現在の業況について**（業歴・社長の社歴・経営方針・社員数・事業内容・最近の業績・銀行取引など）
> 2. **社員について**（採用や退職予定・社員の仕事ぶり・社員に求めることなど）
> 3. **会社の将来について**（売上高・経常利益のイメージ・設備投資・銀行取引）
> 4. **社長の事業承継に対しての考えについて**（引退時期・後継候補者など）

　会社訪問前に、情報収集に取り組み質問を幾つか準備した上で、経営者と面談を試みるようにしてください。

　経営者の悩みは「会社の業績（売上高・経常利益）」、「資金繰り（銀行融資）」、「社員や後継候補者（人に関する悩み）」が上位3つを占めると言われますが、まずは経営者の経営に関する不安や悩みを聞き出したうえで、課題解決のヒントを経営者が掴めるように、深堀して話を聞くことに努めてください。

　経営の話を一緒に深堀してあげるだけでも経営者は、最終的には課題解決は自分で取り組まなければならないことを知っているので、話を聞いてくれる保険パーソンには感謝すると思います。

　そして経営者とあるべき姿の話をしている過程で、経営者の万が一のことを一緒に考える機会を作ることで、経営者の経営責任や影響力を再認識してもらうことができれば、事業継続をするためには、生命保険が必要になることを理解してもらえるかもしれません。

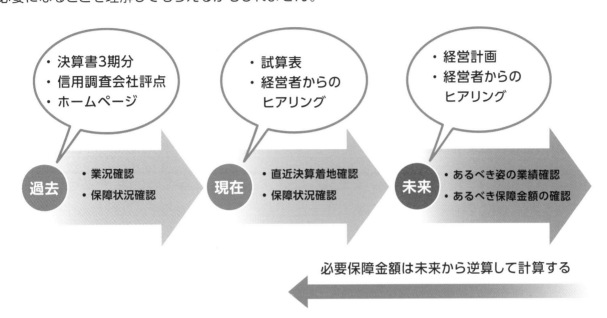

(1)「現在の業況についての質問」のためのヒント

　現在の業況を確認するのが法人生保パーソンにとって高いハードルになると思いますが、ポイントはいかに事前準備をしているかどうかですので、下記の内容をイメージして取組んで下さい。

- 既存先であれば業歴は決算書がなくても確認できます。
- 新規先であれば、信用調査会社の会社概要、ホームページ、法務局の商業登記簿謄本を取得して確認します。
- 経営方針は、ホームページで確認し、先に自己開示（セルフミッション）をしてからヒアリングします。
- 社員数は、前述した会社概要など事前準備で確認した上で、訪問時にヒアリングしてください。
- 事業内容についても同様に事前確認できます。また、業種別審査事典で業種に関する基礎知識を習得してください。
- 最近の業績は事前確認できる場合もありますが、そうでない場合は、口頭ベースで探りを入れてください。
- 売上高と経常利益を中心に業績ヒアリングしますが、ストレートに質問をしても答えてくれないので銀行取引に結びつけるようにして話をつなぐ程度で構いません。
- 銀行取引については、「最近の御社に対しての対応はいかがですか?」という質問を切り口にして話を展開してください。

(2)「社員についての質問」のためのヒント

　経営の三要素 (ヒト・モノ・カネ) の中のヒトであり、大事な経営資産です。社員に関することを質問しない保険パーソンを多く見ますが、会社の売上と利益を上げていくための中心が社員になるので、必ず以下のイメージでヒアリングしてください。

- まずは自分自身が保険担当者として企業はヒトなりと思えるのかどうかがポイントになります。業績に関係なく経営者にとって会社は自分の家族よりも大切、社員は自分の子供よりも可愛いと表現する経営者が多いです。
- 社員数・年齢構成・勤務時間・社員に対しての社長の想いなどをヒアリングしてください。特に、社員の対しての社長の想いは深堀してください。なぜなら会社の売上と利益を上げていくには、経営者の社員に対する想いを再確認させることが、経営者の活力の源泉になるからです。
- 今後の社員の退職予定や採用について確認してください。中小企業の場合は、熟練社員が退職してしまうと、仮に、若い社員を採用しても売上と利益が減少してしまうケースがあるからです。
- 会社の成長と共に社員が成長しなければ会社は事業継続が厳しくなりますが、経営者が社員に期待することも必ず確認してください。

(3)「会社の将来についての質問」のためのヒント

　このパートは経営の三要素でもモノとカネに関する項目がメインになってきます。社員のパートで今後の退職予定と採用予定を確認していれば、以下をイメージしてください。

- 売上と経常利益をどのようにしたいのか?経営者に直近3年間をイメージしてもらい、5年後の売上高と経常利益のあるべき姿を確認してください。
- また、売上を上げていく上で、今後の会社が属している業種がどのように展開していくのか?を必ず確認して経営者にイメージをさせるようにしてください。
- 本業で売上を伸長させていく会社もあれば、今のビジネスから職種転換を図るような会社も今の時代にはあるので、イメージの深堀が出来るように質問してください。
- 製造業・建設業・運送業などの業種は装置産業と言われており、定期的に設備の入替や新規需要が発生します。会社の売上を維持する意味でも設備投資をしなければならない会社も多くあるので、今後5年間程度で「何の設備?」「いつくらい?」「いくらかかる?」「どのようにして対応するのか?」をキーワードにして確認してください。

　会社の今後5年間の売上高と経常利益・採用と退職・設備投資を確認すれば、最後に質問するのが銀行取引になります。銀行取引のメインはもちろん融資取引です。会社を成長拡大していく中で、今後のメインバンクを含めた融資残高や希望について確認をしてください。5年後の融資残高が事業保障金額の土台になります。

そのためには融資の金額を確認してください。このパートまで会話が進んでいけば、経営者のメンタルブロックはかなり低くなってきていると思います。未来の融資残高について、本来であれば専門家を介在させて予想貸借対照表の作成をするのがベターかもしれません。しかしながらワンストップでみなさんが保険契約をお預かりすることを考えるのであれ社長に以下の質問をして融資残高のイメージをさせてください。

『今後5年間の売上・経常利益のあるべき姿を確認させていただきましたが、社員の退職・採用・設備投資を含めた上でイメージする場合、5年後の御社の融資残高は今よりも多くなっていると思いますか？同額ですか？それとも少なくなっていると思いますか？』

5 決算書を預かる際の留意点

以上のアプローチあるいはファクト・ファインディングで決算書を預かる運びになったら大きな前進です。社長があなたのことを信用し、自社の将来のため、問題解決のために、あなたに相談したいと思ってくれた証です。

ただし、「それでは、決算書を3期分お預かりしてもよろしいですか？」と切り出す際に気を付けてほしいことがあります。それは何か。勘定科目明細書や別表も含めた、いわゆる「決算申告書一式」をお預かりしてほしいのです。単に「決算書」と言うだけではBSとPLだけが出てくる可能性が高く、それだけでは分析するには情報として不足するからです。

「決算申告書一式」とは、税務申告するときに税務署へ提出した書類全てのことで、一般的には、次の書類を指します。

決算申告書一式とは

- 決算書（貸借対照表、損益計算書、株主資本等変動計算書、個別注記表）
- 勘定科目内訳明細書
- 法人事業概況説明書
- 法人税申告書（別表含む）
- 消費税申告書
- 地方税申告書
- 税務代理権限証書

BSとPLの3期分だけでも簡易な分析は可能なのですが、勘定科目の内訳や減価償却の状況が分からないと詳細に分析できず、これまでの経営の実態が見えてこないので、仮説を構築する際にどうしても薄っぺらいものになってしまうのです。これでは、次回の面談で社長に深く掘り下げた質問ができず、せっかく決算書をお預かりした意味がなくなりかねません。

ですので、決算書をお預かりする際には、最低でも勘定科目明細と、できれば別表2（同族会社等の判定に関する明細書）と別表7（欠損金の損金算入に関する明細書）と別表16（減価償却資産の償却額の計算に関する明細書）をお預かりしてほしいのですが、社長からしてみれば、税理士任せにしている決算申告書類の中から、これらの書類だけを抜き出して渡すのは大変なので、「決算申告書一式」をお預かりする方がいいと思います。

また、決算書と併せて次の資料もお預かりできればパーフェクトです。

決算書と併せて **預かりたい資料**	・銀行融資の返済予定表 ・資金繰り表 ・直近の試算表 ・保険証券の写し

＜銀行融資の返済予定表＞

資金繰りの確認や融資の見直し提案に必要です。複数口借入がある場合は「金融機関別取引一覧」を作成すれば、経営者に喜ばれるのはもちろん、銀行に対しても受けが良くなります。一覧には、長短の別、金利、約定弁済額、・・・・を記載します。

＜資金繰り表＞

利益と現金の動きが一致しないのは前述のとおりです。作成していない会社が多いので、作成支援やアドバイスができれば喜ばれることは間違いありません。

＜直近の試算表＞

試算表とは、決算書類を作成する前段階の集計表です。年に一度しか作成しない決算書よりも、試算表の方がタイムリーに経営状態を把握することができます。決算日から半年以上過ぎていたら、必ず預かった方がいいでしょう。

＜保険証券の写し＞

BSに計上されている保険積立金はあくまでも帳簿上の数字。時価は証券を見て決算日時点の解約返戻金を確認しないと分かりません。保険税務の煩雑さもあり、間違っているケースもありますので、その場合は担当の税理士の顔をつぶさないように、指摘してあげることで保険パーソンとしての株を上げる効果もあるかもしれません。注意すべきは、保険の見直し提案ありきだと思われないことです。あくまでも時価の確認が主目的です。「保険証券一覧」を作成すれば、経営者に喜ばれるのは間違いありませんが、あらためて詳細をご説明するまでもないでしょう。

6 経営者のこころを開くための共感のスキルとテクニック

ここまで、決算書の預かり方として、事前準備の方法と、経営者の気づきとなるフック・テーマを見てきましたが、事前準備がいかに大切かお分かりいただけたかと思います。個人と大きく異なるのは、法人の場合は公開情報も多く、事前の情報収集による仮説構築が成否の分かれ道になるということかもしれません。仮説構築は面談時のFFの質を上げるために不可欠なものですが、FFにおいて一番大切なことは何だと思いますか。それは、「決めつけない」ことです。

　しっかりと事前準備をすればするほど、立てた仮説が立派なものになり、ともすれば、ある部分においては社長より詳しくなるかもしれません。つい、「論理的には正しい」仮説を披露したくなるかもしれませんが、FFは仮説の披露の場ではありません。信頼関係を構築し、経営者の心を開き、経営者の心の奥底にある潜在ニーズを見つけ出す場であるはずです。

　「傾聴」してください。社長のこころの声をしっかりと聴いてください。

　個人保険も法人保険も同じことです。元来、保険パーソンが最も得意とするスキルではないでしょうか。

　しっかりと事前準備をしてきたのです。臆することなく堂々とFFを行いましょう。

　それでは質の高いFFを行うために必要となる共感のスキルを見ていきましょう。

　保険パーソンのみなさんにとっては、当り前のスキルで蛇足となるかもしれませんが、おさらいとして確認してください。

(1)アイスブレイク

　アイスブレイクとは、本題に入る前に、お互いのギクシャクした緊張感をほぐして、スムーズにコミュニケーションできる状態にするための手法のことです。面談相手が関心を持っている話題に振れるかどうかで、打ち解けられるかどうかが大きく左右されます。アイスブレイクには次のようなメリットがあります。

<アイスブレイクのメリット>

「緊張をほぐす効果がある」

　緊張した状態では相手が話した内容がなかなか頭に入ってこなかったり、本心を引き出せなかったりします。アイスブレイクを行うことで、まずはお互いにリラックスできるようにします。

「話す体制、聴く体制ができる」

　アイスブレイクによってリラックスしてくると、お互いに話す体制・聴く体制ができて会話が活発になります。

「主体的になる」

　面談現場で大事なのはお客様に話してもらうことです。「聞くだけ」の体制でいるお客様に、アイスブレイクで話しやすい場を作ってあげることで、「聞くだけ」の体制から「聞いて、話す」体制に変わっていきます。

<アイスブレイクのコツ>

「相手と自分との共通点を探す」

　人間には自分と共通点を持つ人に対して親近感を覚えるという心理が働きます。心理学では「類似性の法則」と言います。アイスブレイクを成功させるには、相手との共通の趣味や出身地を探し出すことがポイントになります。

「相手を褒める」

　お客様の服装や所作のほか、オフィスの環境や立地など褒めることができそうなポイントを探しながら面談に臨みます。

「定番の話題を持っておく」

　日頃から情報収集して、話題の引き出しをたくさん持っておくことはもちろんですが、話題に困ったときによく使われているテーマで「キドニタテカケシ衣食住」というものがありますので、覚えておくと便利です。

話題に困ったときによく使われるテーマ 「キドニタテカケシ衣食住」	キ：季節・気候 ド：道楽・趣味 ニ：ニュース タ：旅 テ：テレビ カ：家族 ケ：健康 シ：仕事 衣：衣類（相手の衣服に言及する） 食：食事（好きな食べ物・オススメのレストランなど） 住：住居（出身地・居住地など）

（2）ラポール

　ラポールとは、フランス語で「橋を架ける」という意味で、「信頼関係の構築」を指します。

　ラポールには、3つのレベルと4つのテクニックがあると言われています。

●レベル1： for you　「相手の為に」

　「for me」ではなく、「for you」　営業マンであればこれは説明不要でしょう。

●レベル2： with you　「相手と一緒にいる」

　物理的にそばにいるということだけでなく、「いいときも、悪い時も気持ちの上で一緒にいる」と言う意味です。

　言い換えれば、「儲かっているときも、赤字で苦しいときも、一緒に頑張りましょう!」ということです。

●レベル3： in you　「相手と一体化している」

　社長と一体化？　少し分かりにくいですが、心理学的には「母親の胎内にいる状態」を指す表現で、ものすごい安心感が伝わってきます。

●テクニック1：ミラーリング

　相手と動作を合わせることで、共感・好感のメッセージを与えることができます。社長が顎を触れば、自分も顎を触ったり、まばたきを合わせたりするというわけです。ただし、相手に気づかれると逆効果になりますので、ばれないように注意が必要です。

●テクニック2：ペーシング

　しぐさや声の調子を合わせます。同時に相手が使っている言葉を盛り込んで会話をします。レベルが高くなると、呼吸を合わせることもできるようになります。

●テクニック3：バックトラッキング

　いわゆるオウム返しのことで、相手の話したことをしっかりと聞いてますよ。というメッセージを伝えることができます。単調な繰り返しだと逆効果になりかねないので、バリエーションを持っておく必要があります。

●テクニック4：キャリブレーション

　相手の心理状態を言葉以外のサインを感じて認識することです。例えば、相手が「大丈夫」と言っていても、声のトーンや表情の暗さなどから、本当は疲れていることを察知して、「お疲れのようですね」と声をかけてあげることもキャリブレーションの一つです。

(3) 7W3Hでヒアリング

　「7W3H」とは、マーケティング戦略を立てる際のフレームワークである「5W1H」（When、Where、Who、What、Why、How）に、「2W2H」（Whom、Which～or、How many、How much）を加えた派生形です。シンプルなストーリーで抜け漏れのない10個の論点から思考を整理することができます。ヒアリングの場面のみならず、成功・失敗事例の分析や仮説構築の際にも使える便利なフレームワークです。

分析や仮説構築の際にも使える
便利なフレームワーク

「7W3H」

Who（誰が）
Whom（誰に対して）
What（何を）
When（いつ）
Where（どこで）
Why（なぜ）
How many（どのくらいの数量）
How much（どのくらいの価格で）
How to（どのような方法で）
Which～or（どちらかで）

第 6 章

決算書を預かったら…
次の訪問へ向けて
報告の仕方
更なるレベルアップのために

財務的見地で法人へアプローチするための「決算書の見方・読み方・預かり方」を学んできました。必要な知識と取り組み方もお伝えしてきましたので、ここまで学んだことを繰り返し、トレーニングを重ねることで確実に「財務力」が身に付き、法人生保提案につながります。ですが、「財務力」には終わりはありません。終わりがないということは、ある意味、「財務道」と言ってもいいのかもしれません。本章では、更なるレベルアップのために保険パーソンが知っておくべき5つの財務知識を見ていきます。それぞれを詳しくご説明することは紙幅の都合上できませんので概略でお伝えします。

1 簿記・会計

　決算書が読めるようになるには財務知識が不可欠ですが、財務知識を身に付けるためには、簿記の理解が最大のポイントであることは既にご説明しました。もちろん、専門家のように理解する必要はありませんが、代表的な勘定科目の意味と配列のルール（流動性配列法）、それと、仕訳によって、「資産」、「負債」、「純資産」、「収益」、「費用」の5つの項目に振り分けられ、それらをまとめたものが決算書（BSとPL）であることは、最低限押さえてほしいポイントになります。ここでは、もう一歩だけ踏み込んで、「簿記」と「会計」の関係や違いについて見ていきたいと思います。

(1)簿記について

　「簿記」とは、文字通り「帳簿に記録する」こと、あるいはその「記録方法」のことを言います。その目的は、最終的には決算書を作成することにあります。会社は、さまざまな経済活動を行いますが、「商品の販売」や「販売代金の回収」といった毎日発生する取引を、複式簿記と会計基準に従って記録し、その結果を「決算書」にまとめます。その決算書が会社の実態を表すのです。

　簿記には「単式簿記」と「複式簿記」があります。

　単式簿記は「現金」の出入りのみを記録するもので、家計簿は単式簿記で記帳しますが、会社の取引は現金のみならず多岐に渡り、単式簿記で記帳するには限界があるので複式簿記で記帳します。

　この「複式簿記」が一般には馴染みがなく、多少複雑なので、簿記が難しく感じる理由だと思われます。

　複式簿記を理解するには、その基本である「仕訳」ができるようになることと、「勘定科目」を覚えることに尽きますが、簿記試験を受験することが最も近道です。最もメジャーな簿記試験である日商簿記についてご紹介します。

級別	科目	レベル・程度	対象者
1級	商業簿記 会計学 工業簿記 原価計算	大学程度の商業簿記、工業簿記、原価計算ならびに会計学を習得し、財務諸表規則や企業会計に関する法規を理解し、経営管理や経営分析ができる。 　合格すれば、「税理士試験の受験資格が与えられる」「職業能力開発促進法の指導員資格試験で、事務課の試験科目の一部が免除される」などの特典がある。	◎大企業経営向き ◎会計指導者向き
2級	商業簿記 工業簿記	高校程度の商業簿記および工業簿記（初歩的な原価計算を含む）を習得している。財務諸表を読む力がつき、企業の経営状況を把握できる。相手の経営状況もわかるので、株式会社の経営管理に役立つ。	◎中小企業経営向き ◎会計主任者向き

| 3級 | 商業簿記 | 財務担当者に必須の基本知識が身につき、小規模企業の経理事務に役立つ。経理関連書類の読み取りができ、取引先企業の経営状況を数字から理解できるようになる。営業、管理部門に必要な知識として評価する企業が増えている。 | ◎中小企業経理部門向き
◎一般記帳者向き
◎営業、管理部門向き |
| 初級 | 商業簿記
（入門） | 簿記入門編。小規模小売店の経理に役立つ。簿記の基礎用語や、複式簿記の仕組みを理解している。 | ◎商業簿記入門者向き |

　日本財務力支援協会では、財務力を身に付けるため簿記の受験を推奨していますが、最低3級、製造業や建設業、運送業などの業種を取り扱うのであれば、2級を受験するように指導しています。

(2)会計について

　「会計」とは、英語で「accounting」、直訳すると「説明」とか「報告」という意味になります。つまり、「会社の実態を報告」することが「会計」というわけです。会社の実態とは、「財務の状態や、儲けの状況」ですが、では、誰に報告するのか。一言でいえば、「利害関係者」ということになりますが、取引先や銀行、税務署、株主、経営者など会社を取り巻く利害関係者は実にさまざまです。報告する相手によって、「制度会計」と「管理会計」に分類されます。株主や銀行や税務署など外部の利害関係者に向けて報告するのが制度会計で、法令や規則によって作成方法が細かく規定されています。なぜなら、対外的に報告するものなので、他企業との比較ができ、なおかつ信頼に足る資料でなければならないからです。制度会計のうち、企業業績の公平な比較のための会計が「財務会計」であり、公平な税金計算のための会計が「税務会計」です。一方、管理会計は、企業内部の意思決定のための会計で、適切な事業遂行のため任意で行うものになります。ですので、各会社の経営者の必要に応じて様々な会計情報が作り出されます。その意味では、管理会計の書式は会社の数だけあるとも言えるでしょう。

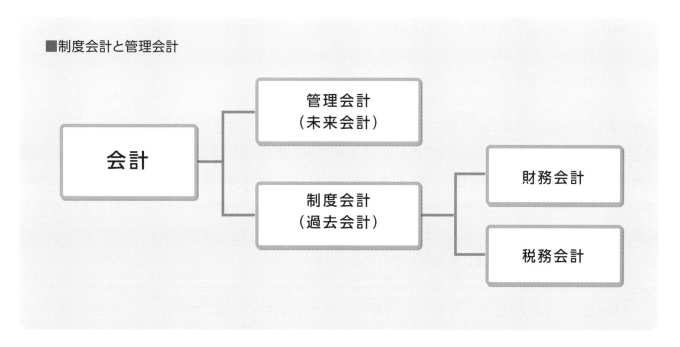

■制度会計と管理会計

　また、「簿記」、「会計」に近い言葉で「経理」がありますが、「経営管理」の略称です。経営管理の役割は、経営を円滑に行うための経営資源を適切に管理することですので、労務・財務・生産などあらゆる業務を総合的に管理することになりますが、一般的に「経理」というと、会計に関する業務全般を指します。

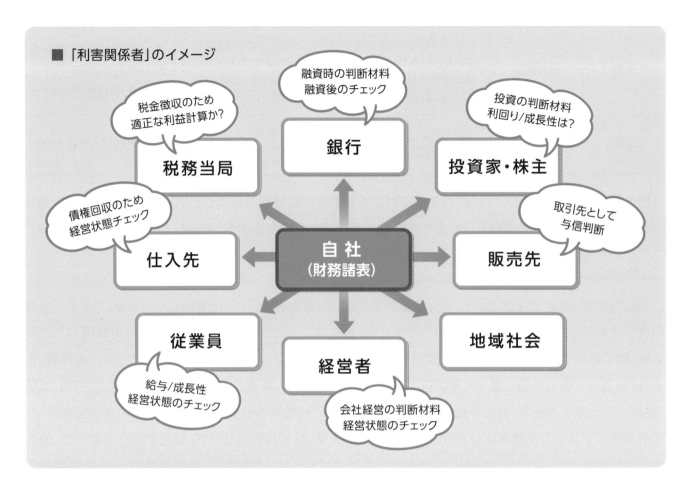

■「利害関係者」のイメージ

(3) 財務会計と税務会計と管理会計

前述の通り、企業会計には、制度会計(財務会計・税務会計)と管理会計があります。

誰のために何の目的で、会計情報を提供するのかによって3つのタイプに分類されます。

> 財務会計は、株主や銀行に対して経営成績と財務状態を報告するために。
> 税務会計は、税務署に対して税務申告書を作成するために。
> 管理会計は、企業内部の経営管理のために。

財務会計と税務会計はともに外部の利害関係者への説明義務ということで「制度会計」といわれています。制度なので当然ルールがあります。例えば、株主や銀行に対しては、「利益を多く見せたい」という誘惑が働きますが、「企業会計原則」で「不当に利益を過大に見せてはいけない」と抑制しています。一方、税務署に対しては「利益を小さく見せて、税金を少なくしたい」という誘惑が働きますが、「税法」によって、利益を過少に見せないためのルールが設けられているのです。

ここで、「利益」と「所得」の違いも確認しておきましょう。

> 「利益」=「収益」-「費用」 「企業会計原則」に従って処理される　（財務会計）
> 「所得」=「益金」-「損金」 「税法」に従って計算される　（税務会計）

ご承知のとおり、「利益」と「所得」は似て非なるものなのです。

　ところが、中小企業の多くは税務会計中心の会計処理になっています。税理士の先生にお任せしているのでやむを得ないのかもしれませんが、「利益」と「所得」ではズレが生じるので、経営判断を誤らせてしまうことになりかねません。本来であれば、正しい財務会計を行ったうえで、税務上の課税所得を計算するべきなのですが、税理士の先生も経営判断に資するよりは、税務署に文句を言われないことを優先させたい気持ちも理解できます。

　さて、正しい経営判断には、正しい財務会計が重要だと述べましたが、実は、財務会計でも正しい経営判断には十分な資料とはいえないのです。そこで登場するのが、「管理会計」です。

　管理会計は、経営者や経営幹部、経理担当者、一般社員など企業内部の経営管理のために行うもので、制度会計とは違い、決められたルールがあるわけではありませんので、上場企業や大企業はそれぞれ独自のルールで運用していますが、中小企業で導入しているところは多くはありません。

　管理会計について、本書では詳しく述べませんが、部門別や支店別に財務分析を行ったり、経費を現状維持費と戦略経費に分解したり、固定費と変動費に分解することで損益分岐点分析を行ったり、上手く使うことができれば経営判断に大いに役立てることができます。予算と実績を比較することで、経営状態を正しく把握し、どこに問題があり何が課題なのか、改善策を実行した際の効果はどうなるのか、目標をどう打ち立てるのか、といったことを検討する最も重要な材料となるのです。まさに経営計画においては必須のツールだと言えるでしょう。管理会計が「未来会計」とも言われる所以です。一方、制度会計は外部報告用となるので、実績に基づいた正確な数値算出が求められます。その意味において「過去会計」とも言われるのです。

（4）管理会計は役に立つ（制度会計では経営判断を誤ってしまう!?）

　次のようなPLの会社があったとします。

（PL）

売上高	100	（販売数量10×販売単価10）
原価	60	（原価率　60%）
売上総利益	40	（売上総利益率　40%）
販管費	30	
営業利益	10	（営業利益率　10%）

※製造原価報告書
（材料費：20、外注費：20、労務費：20）

　この会社の主要取引先の業績悪化により、販売数量が20%ダウンする見込みとなりました。幸い、事前発覚により発注量は調整可能で原価率は変えずに済みそうです。社長は、PLを見て営業利益の確保ができるか、次のようにシミュレーションしてみました。

（PL・シミュレーション）

売上高	80	（販売数量8×販売単価10）
原価	48	（原価率　60%）
売上総利益	32	（売上総利益率　40%）
販管費	30	
営業利益	2	（営業利益率　2%）

「なんとか営業利益は赤字にならなくて済みそうだぞ。」

はたして、このシミュレーションは正しいのでしょうか?

この会社が、管理会計を導入していたら、元々のPLは次のように表現されていたかもしれません。

（PL）

売上高	100	（販売数量10×販売単価10）
変動費（材料費＋外注費）	40	（変動費率　40%）
限界利益	60	（限界利益率　60%）
固定費（販管費＋労務費）	50	
営業利益	10	（営業利益率　10%）

この場合のシミュレーションは次のようになります。

（PL・シミュレーション）

売上高	80	（販売数量8×販売単価10）
変動費（材料費＋外注費）	32	（変動費率　40%）
限界利益	48	（限界利益率　60%）
固定費（販管費＋労務費）	50	
営業利益	▲2	（営業利益率　マイナス）

　なんと、営業利益は赤字になってしまいました。この違いは、いったい何なのでしょうか。

　実は、前者は「全部原価計算」におけるPL、後者は「直接原価計算」におけるPLなのです。全部原価計算では、売上高—売上原価=売上総利益とし、販管費を控除して営業利益としていますが、直接原価計算では、売上高—変動費=限界利益とし、固定費を控除して営業利益としています。期首・期末に製品・商品・仕掛品などがなければ営業利益以下は両者とも同じになります。

　制度会計としては、「全部原価計算」が求められるため、多くの中小企業では「直接原価計算」による方法を採用していませんが、「直接原価計算」は、正しい経営判断のためには大変役に立つ会計手法なので、財務的見識のある経営者は、経営管理用に管理会計を導入しています。

2 財務分析

　財務分析とは、BS、PL等の財務データを用いて、会社の収益性、安全性、生産性など経営結果や財務状態を定量的に評価することです。その目的は、会社の問題や課題を明らかにし、次の経営計画に活かすことにあります。

　したがって、分析にあたっては、財務諸表の仕組みや各勘定科目の意味などは当然理解しておかなければなりません。

　財務分析の手順としては以下の通りになります。

財務分析の手順

①財務指標の計算
②計算結果の比較
③問題点や課題の抽出
④改善策の検討

(1) 主要な財務指標について

　財務分析には、大きく分けて、「収益性の分析」「安全性の分析」と、「生産性の分析」「原価管理の分析」がありますが、まずは、それぞれの分析における主要な財務指標を見ていきましょう。

(1)−1　「収益性の分析」

　経営成果の分析のことで、会社の儲けの具合を見ます。

収益性分析は、さらに「売上高利益率の分析」「総合収益性の分析」「回転率・回転期間の分析」などに分けられます。

(1)-1-1　「売上利益率の分析」における主な財務指標

　生産や仕入、販売活動にどの程度のコストをかけて、いかに効率的に利益を上げることができたかを分析するのが、売上利益率の分析ですが、主要な指標として次のものが挙げられます。

$$①売上高総利益率（\%）　=　売上総利益　÷　売上高　\times　100$$

$$②売上高営業利益率（\%）　=　営業利益　÷　売上高　\times　100$$

$$③売上高経常利益率（\%）　=　経常利益　÷　売上高　\times　100$$

(1)-1-2　「総合収益性の分析」における主な財務指標

　用いた資本に対してどのくらいの利益が得られたか、つまり資本利益率を見る指標です。他人資本も含めた総資本を分母にするのか、自己資本のみ分母にするのかで見方が変わります。後者は株主の立場から見た収益力になります。

④総資本営業利益率（%）　＝　営業利益　÷　総資本（総資産）　×　100

⑤総資本経常利益率（%）　＝　経常利益　÷　総資本（総資産）　×　100

⑥総資本当期純利益率（ROA）（%）　＝　当期純利益　÷　総資本（総資産）　×　100

⑦自己資本純当期純利益率（ROE）（%）　＝　当期純利益　÷　自己資本（純資産）　×　100

(1)-1-3　「回転率・回転期間の分析」における主な財務指標

　各種資産（流動資産、固定資産）や総資本がどのくらい効率的に活用されたのか、資本効率を見ます。売上高が分子に来た場合は回転率（回）、分母の場合は回転期間（日、月など）になります。また、売上債権回転期間は、売掛金回転期間と受取手形回転期間に分解して分析することもできます。

⑧総資本回転率（回）　＝　売上高　÷　総資本（総資産）

⑨売上債権回転期間（日）　＝　（売掛金　＋　受取手形）　÷　売上高　×　365

⑩棚卸資産回転期間（日）　＝　棚卸資産　÷　売上高　×　365

⑪買入債務回転期間（日）　＝　（買掛金　＋　支払手形）　÷　売上高　×　365

⑨売上債権回転期間　：　売上債権（売掛金、受取手形）の回収に平均何日かかったかを示す。
⑩棚卸資産回転期間　：　商品・製品、半製品、仕掛品、原材料、貯蔵品すべての棚卸資産の平均在庫期間。
　　　　　　　　　　　　　売上債権回転期間と同様、それぞれ分解して分析することもある。
⑪買入債務回転期間　：　買入債務（買掛金、支払手形）を支払うのに何日分の売上高が必要だったかを示す。

(1)-2　「安全性の分析」

　「支払い能力」や「資本の安定性」を分析し、会社の財務体質をチェックします。収益性が高くても黒字倒産してしまったら元も子もなくなりますので、銀行が重視する指標です。ある意味、会社の倒産可能性を見極める指標になります。

(1)-2-1　「支払い能力」の主な財務指標

⑫流動比率（%）　＝　流動資産　÷　流動負債　×　100

⑬当座比率（%）　＝　当座資産
　　　　　　　　　　　　（現金・預金＋受取手形＋売掛金＋有価証券）　÷　流動負債　×　100

⑭固定比率（%）　＝　固定資産　÷　自己資本（純資産）　×　100

⑮固定長期適合比率（%）　＝　固定資産　÷　（自己資本（純資産）＋固定負債）　×　100

⑯借入金月商倍率（倍）　＝　（短期借入金＋社債・長期借入金）　÷　売上高　×　12

⑫流動比率　：　1年以内に入ってくるお金が、1年以内に支払わなければならないお金の何倍あるか。
　　　　　　　　　100%を下回ると危険。150%以上はほしい。

⑬当座比率　：　当座資産はその他の流動資産よりも返済財源としては確実ではあるが、回収見込みの
　　　　　　　　　低い売掛金や受取手形を含む場合もあるので注意が必要。100%以上を目指したい。

⑭固定比率　：　固定資産が自己資本でどれだけ賄われているか。
　　　　　　　　　100%を超えるということは自己資本だけで固定資産を賄いきれず、他人資本に
　　　　　　　　　依存していることを意味する。

⑮固定長期適合比率　：　固定資産を自己資本だけで賄えなくても、社債や長期借入金などの固定負債で
　　　　　　　　　賄えればまだ安全と言える。100%以下に抑えたい。

⑯借 入 金 月 商 倍 率　：　月商の何倍の借入があるか、借入金の返済能力を見る指標

(1)-2-2　「資本の安定性分析」の主な指標

⑰自己資本比率（%）　＝　自己資本（純資産）　÷　総資産　×　100

⑰自己資本比率　：　総資本に占める自己資本の割合が高い方が安全性が高く、銀行融資も受けやすい。

(1)-3　「生産性の分析」

　経営成果や財務体質の分析をさらに掘り下げる分析で、「付加価値の分析」や「人件費の分析」があります。「付加価値」とは、経営活動によって新しく生み出した価値、すなわち売上高から材料費や外注費、仕入原価など外部購入費用を除いた額となります。その算出方法には各種あり、「売上総利益」と混同されがちですが、一般的には次の計算式になります。

付加価値額　＝　経常利益＋人件費（労務費）＋賃借料＋金融費用＋租税公課＋減価償却費

(1)-3-1　「付加価値の分析」「人件費の分析」の主な財務指標

⑱1人あたり付加価値額　＝　付加価値額　÷　従業員数

⑲付加価値比率（%）　＝　付加価値額　÷　売上高

⑳労働分配率（%）　＝　人件費の合計
　　　　　　　　　　　　（労務費＋管理部門の人件費）　÷　付加価値額　×　100

111

(1)-4 「原価管理の分析」

「収益性の分析」において各種の売上高利益率を見ましたが、さらに掘り下げて、売上原価や製造原価、販売費・一般管理費など各種費用を変動費と固定費に分解して、原価の効率性の把握や損益分岐点分析などを行うことになります。

(1)-4-1 「原価管理の分析」の主な財務指標

㉑限界利益 ＝ 売上高 － 変動費 ＝ 固定費 ＋ 利益

㉒限界利益率（%）＝ 限界利益 ÷ 売上高 × 100 ＝ 1 － （変動費÷売上高）×100

㉓損益分岐点売上高 ＝ 固定費 ÷ 限界利益率

(2)財務分析の基本は「比較」にあり

財務分析のキモは「比較」にあります。

たとえば、営業利益率が5%だったとして、5%が何を意味するのか?比較をすることで見えてきます。前年が2.5%だったのだとしたら、2倍に増加したわけですし、反対に前年が10%なら、1/2に減少したことになります。なぜ増えたのか?減ったのか?他の勘定科目や財務指標なども使いながら、要因を掘り下げていきます。

「比較」には大きく分けて、「時系列対比」「同業対比」「目標対比」の3種類があります。

「時系列対比」は、例示したように自社の前年あるいは前々年と比較します。2期比較より3期、5期と、比較の対象が多ければ多いほど詳細な分析が可能になります。留意点として、比較する時期の外部環境や内部環境がどうであったかを押さえる必要があります。たとえばコロナ禍の前と後では財務内容が大きく変わっている可能性がありますので、直近3期分だけでなく、コロナ禍前3期分も併せて見ておかないと判断を誤る可能性があります。

「同業対比」は、同業他社との比較ですが、業界平均との比較と、自社にとってのライバルとの比較があります。業界平均の指標については先述した、「TKC経営指標」や日本政策金融公庫の「小企業の経営指標」などを利用するとよいでしょう。ただし、業界平均との比較だと、会社の規模の大小やビジネスモデルの違いなどで詳細に絞り込みができないので、ピントが甘くなってしまいます。そこで、自社にとってベンチマークしているようなライバル企業と比較することで、よりエッジの効いた検討ができますが、中小企業の場合、そもそもライバルの財務データ入手が難しいかもしれません。

「目標対比」は、経営計画で立てた目標数字との比較になります。自社の実績指標や業界平均指標などと併せて、レーダーチャートに整理すると全体が俯瞰できてビジュアルとして分かりやすくなります。

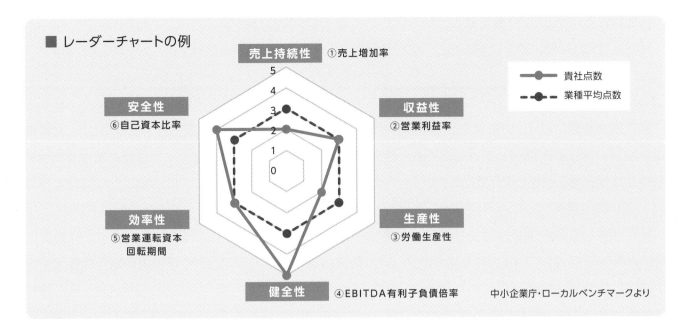

■ レーダーチャートの例

中小企業庁・ローカルベンチマークより

3 銀行格付

（1）金融機関の自己査定（融資先のランク付け）とは

　「銀行格付」と言われている自己査定は1999年以降に導入された制度です。当時、バブル崩壊に伴う不良債権の増大によって金融機関の経営が悪化、中には経営破綻する銀行もありました。こうした事態を受けて作成されたのが「金融検査マニュアル」です。その目的は、銀行が保有する債権（融資）等を査定し、必要な引当金を計上することでした。そのために、各金融機関は融資先企業の経営内容・財務実態を把握しランク付け（図表参照）することとなりました。これが、金融機関の自己査定、いわゆる「銀行格付」です。金融検査マニュアルは2019年12月に廃止されたのですが、今でも銀行は自己査定として、中小企業の「信用格付」を行っているのが実態です。

　格付けは「会社の健康診断」みたいなもので、中小企業の経営者は銀行の格付けを非常に気にしています。

　なぜなら、ランク付けがたとえば、正常先から要注意先や破綻懸念先にランクダウンした場合など、新規融資や追加融資が受けられなくなる可能性があるからです。逆にランクアップすれば、金利が下がるなど融資条件が改善する可能性もあります。

■債務者区分とその概要

債 務 者 区 分		概　　　要
正 常 先		業績が良好であり、かつ財務内容にも特段の問題のないと認められる債務者
要注意先	要注意先	金利減免・棚上げを行っているなど貸出条件に問題のある債務者、元本返済もしくは利息支払いが事実上延滞しているなど、履行状況に問題がある債務者の他、業況が低調ないしは不安定な債務者または、財務内容に問題がある債務者など今後の管理に注意を要する債務者
	要管理先	要注意先の内、３ヶ月以上延滞または貸出条件を緩和している債務者
破綻懸念先		現状、経営破綻の状況にはないが、経営難の状態にあり、経営改善計画の進捗状況が芳しくなく、今後、経営破綻に陥る可能性が大きいと認められる債務者
実質破綻先		法的・形式的な経営破綻の事実は発生していないものの、深刻な経営難の状態にあり、再建の見通しがない状況にあると認められるなど実質的に経営難に陥っている債務者
破綻先		法的・形式的な経営破綻の事実が発生している債務者

図表にあるように5つの債務者区分がありますが、各ランクの具体的なイメージは次のとおりです。
（「要注意先」は「要注意先」と「要管理先」に分けられますので、6つの債務者区分とするケースもあります。）

（1）-1　正常先

　実質債務超過になっていないこと、繰越損失がないこと、営業利益が2期連続で赤字でないこと、債務償還年数が10年以内で収まっているのであれば、概ね正常先に該当します。後述の1次評価における点数を合わせながら見ていると考えてください。

（1）-2　要注意先

　要注意先は繰越欠損金が計上されており、営業利益が2期連続で赤字になっている場合や既存融資の返済を事実上延滞している企業を指します。また、債務償還年数が10年以上20年以内の場合は要注意先に該当します。条件変更をしていなければ、信用保証協会付融資で取り扱われるケースが多く、仮に繰越欠損金があっても、後述する3次評価でランクアップする可能性もあるので一概に判断しないように注意してください。

（1）-3　要管理先

　要注意先と概ね同じイメージであり、返済条件の変更をしている企業は、要管理先に該当することとなり、新規融資は受けられなくなります。返済条件の変更とは、「借入金の元金返済を止める」「当初の融資期間を延長する」、などのことです。

（1）-4　破綻懸念先

　2期連続で実質債務超過になっている、実質債務超過解消年数が5年以上になる、債務償還年数が20年以上になっている、融資元本及び利息の支払いを6ヶ月以上延滞している、経営改善計画書の提出をしているが履行状況が芳しくない、という企業がここに該当します。

（1）-5　実質破綻先

　法的・形式的には経営破綻の事実は発生していないが、自主廃業により営業所を廃止しているなど、実質的に営業を行っていないと認められる企業です。

（1）-6　破綻先

　すでに営業は行われておらず、破産などの法的手続きが開始されていたり、手形の不渡りにより取引停止処分となっている企業のことです。

　金融機関はこのように企業を「ランク付け」するので経営者が気にするのも当然なのですが、通常、金融機関は融資先企業に対して、査定結果やランクを詳細にフィードバックすることはありません。ですので、銀行格付けがどのように行われるのかを理解することは大切です。理解することで、「自社が銀行からどのように評価されているのか」、「ランクアップするためにはどうしたらいいのか」自ら推定し、対策を練ることができるからです。

（2）銀行格付（自己査定）はどのように行われるのか

　では、銀行格付はどのような手順で行われるのでしょうか。
　格付け（自己査定）の全体イメージは次のとおりです。

■ 自己査定のフローチャート

参考要因
貸出実績
担保(裸与信)
地元業界評判
他行シェア

第1次評価
定量分析
財務分析

第2次評価
定性分析
将来返済力

第3次評価
潜在返済力
実質同一体
実態BS
他行支援

総合的判断
銀行全体の与信政策
ポートフォリオ
その会社の取引関係
銀行の収益採算

第1次評価 スコアリング・シート

<定量分析項目> (129点)		配点
安全性 (34点)	自己資本比率	10
	ギアリング比率	10
	固定長期適合率	7
	流動比率	7
収益性 (15点)	売上高経常利益率	5
	総資本経常利益率	5
	収益フロー	5
成長性 (25点)	経常利益増加率	5
	自己資本額	15
	売上高	5
返済能力 (55点)	債務償還年数	20
	インタレスト・カバレッジ・レシオ	15
	償却前営業利益	20
	合計 129	

スコア		格付	債務者区分
116以上	1	リスクなし	正常先
103~115	2	ほとんどリスクなし	
82~102	3	リスク些少	
65~81	4	リスクはあるが良好水準	
52~64	5	リスクはあるが平均的水準	
32~51	6	リスクはやや高いが許容範囲	
27~31	7	リスク高く管理徹底	要注意先
19~26	8	警戒先	要管理先
12~18	9	延滞先	破綻懸念先
11以下	10	事故先	実質破綻先・破綻先

第2次評価 チェック・リスト

<定性分析項目> (71点)	配点
① 市場動向	10
② 景気感応度	3
③ 市場規模	4
④ 競合状態	7
⑤ 業歴	5
⑥ 経営者・経営方針	10
⑦ 株主	5
⑧ 従業員のモラル	3
⑨ 営業基盤	10
⑩ 競争力	7
⑪ シェア	7
合計 71	

第3次評価（潜在返済力）

① 実態BS、個人収支、資産余力
② 他行支援
③ 返済状況の実態

2ランク UP
1ランク UP
ランク UPなし
1ランク DOWN

銀行の格付けは、「1次評価」⇒「2次評価」⇒「3次評価」と3段階で行われます。

(2)-1　1次評価

　1次評価は定量評価です。決算書の財務分析を行い、129点満点で点数を付けます。目安として55点が無担保で融資を受けられるかどうかのボーダーラインとなり、27点を下回ると融資は受けられないことになってしまいます。

　「安全性（34点）」、「収益性（15点）」、「成長性（25点）」、「返済能力（55点）」の4項目、13指標でスコアリングします。銀行は特に「返済能力」を重視しますので配点のウェートも高くなっています。

■定量評価指標と計算式と項目別配点イメージ

項　目	指　標	算　式	0	1	2	3	4	5
安全性（34点）	自己資本比率　（10）	純資産合計額／総資本	15%未満	15%以上		20%以上		25%以上
	ギアリング比率　（10）	負債合計額／純資産合計額	250%超		250%以内		200%以内	
	流動比率　（ 7）	流動資産／流動比率	100%未満	100%以上		120%以上		140%以上
	固定長期適合率　（ 7）	固定資産／（固定負債+純資産合計額）	100%超	100%以内		80%以内		60%以内
収益性（15点）	売上高経常利益率（ 5）	経常利益／売上高	マイナス	1%未満	1%以上	2%以上	3%以上	4%以上
	総資本経常利益率（ 5）	経常利益／総資本	マイナス	1%未満		1%以上		3%以上
	収益フロー　（ 5）	直近3年間の税引後当期利益の状況	その他	5%以上		2期黒字		3期黒字
成長性（25点）	経常利益増加率　（ 5）	（当期経常利益額ー前期経常利益額）／前期経常利益額	5%未満	5千万円以下	10%以上	15%以上	20%以上	30%以上
	自己資本額　（15）	純資産合計額	債務超過	1億円以上	1億円以下	3億円以下	5億円以下	7億円以下
	売上高　（ 5）	ー	1億円未満	20年超	5億円以上	10億円以上		30億円以上
返済能力（55点）	債務償還年数　（20）	（短期長期銀行融資残高ー所要運転資金等）／（減価償却+経常利益ー法人税等）	マイナス		20年以内	15年以内		12年以内
	インタレスト・カバレッジ・レシオ（15）	（営業利益+受取利益+受取配当期）／（支払利息+支払配当金）	1倍以内		1.25倍以内	1.5倍以内	1.75倍以内	
	償却前営業利益　（20）	減価償却費+営業利益				1億円以下		3億円以下

　合　　計　（129）

(2)-2　2次評価

　2次評価は定性評価です。市場動向、経営者・経営状態、競合状態、従業員のモラル等、定性要因11項目について、銀行の担当者が点数を付けます。71点満点になっていますが、従来、格付けにおいては重視されていませんでした。なぜなら、客観的な評価が難しく担当者の主観にならざるを得ないからです。しかしながら、金融庁は2019年に「金融検査マニュアル」を廃止し、「事業性評価」による融資を推奨しています。金融機関に「定性評価を重視しなさい」と呼びかけているのです。現時点では対応しきれていないのが現場の実態ですが、こうした定性評価がしっかりできる人材、つまり「事業性評価」ができる目利きが求められているのです。

6	7	8	9	10	11	12	13	14	15	16	17	18	19	20
30%以上	35%以上	40%以上	50%以上	60%以上										
150%以内		100%以内		50%以内										
	160%以上													
	50%以内													
10億円以下	30億円以下	50億円以下		100億円以下		200億円以下			200億円以上					
		9年以内		7年以内		6年以内		5年以内		4年以内		3年以内	2年以内	1年以内
2倍以内	2.5倍以内	3倍以内		4倍以内		5倍以内	6倍以内	6倍超						
5億円以下		7億円以下		10億円以下		30億円以下		50億円以下		70億円以下		100億円以下		100億円超

(2)-3　3次評価

　3次評価は潜在返済力の評価です。「財務状態の実態把握」、「返済状況のチェック」、「代表者個人の資産背景のチェック」になります。

（2）-3-1　財務状態の実態把握

　財務状態の「実態」とは、どういうことでしょうか。

　銀行は提出されたBSをそのまま評価することはありません。信用していないといってもいいでしょう。なぜなら、提出されたBSの数字はあくまでも「簿価」、すなわち表面上の数字にすぎないからです。

　「売掛金に回収不能なものはないか?」

　「不良在庫を抱えたりしていないか?」

　「固定資産はきちんと減価償却されているか?」

　「有価証券や不動産に含み損益はないか?」

　こういったことを細かく精査し実態に置きなおして、修正評価を行うのです。精査を行った結果、帳簿上は資産超過であっても実態は「債務超過」と評価されることもあり得るのです。(図表参照)

■自己査定後の実態債務超過の例

【 自己査定前 】		【 チェック 】		【 自己査定後 】	
流動資産　350				流動資産　245	
売掛金 180	流動負債 280	売掛金　▲40		売掛金 140	流動負債 280
受取手形 40		受取手形　▲10		受取手形 30	
商品 70		商品　▲20		商品 50	
短期貸付金 30		短期貸付金　▲30		短期貸付金 0	
有価証券 20		有価証券　▲5		有価証券 15	
その他 10				その他 10	
固定資産　200	固定負債 180			固定資産　160	固定負債 180
建物 100		建物　▲20		建物 80	
建物付属設備 20		建物付属設備　▲5		建物付属設備 15	
車輌運搬具 10		車輌運搬具　▲5		車輌運搬具 5	
機械装置 30	純資産 90	機械装置　▲10		機械装置 20	純資産 −55
その他 40				その他 40	
合　計 550	合　計 550	合　計　▲145		合　計 405	合　計 405

(2)-3-2　返済状況のチェック

Aは正常先／Bは要注意先／B`は要管理先／Cは破綻懸念先／Dは実質破綻先に該当します。

■返済状況のチェック

決 算 書 の 状 況			借 入 金 の 返 済 状 況						
債務超過	黒字赤字	繰越損失	延滞なし	延滞1ヶ月以上	延滞2ヶ月以上	金利減免条件変更	延滞3ヶ月以上	延滞6ヶ月以上	延滞1年以上
なし	黒字	なし	A	B	B	B`	B`	C	C
なし	黒字	繰損	B	B	B	B`	B`	C	C
なし	赤字	なし	B	B	B	B`	B`	C	D
なし	赤字	繰損	B	B	B	B`	B`	C	D
前期のみ債務超過			B	B	B	C	C	C	D
2期連続債務超過			C	C	C	C	C	D	D

2)-3-3　代表者個人の資産背景のチェック

格付けにおいて、銀行はなぜ、経営者個人の資産背景までチェックするのでしょうか。

なぜなら、経営者は連帯保証人であり、銀行は経営者個人の財産も返済財源と見ているからなのです。

たとえば、銀行は、融資先の代表者の役員報酬額と家族構成を確認し、生活実態のヒアリングをした上で、余剰資金が出てきた場合は、その余剰資金は融資の返済原資として加算します。

また、代表者の個人資産（預貯金、上場企業株式、生命保険の解約返戻金、不動産など）もみなし担保として捉えています。

役員報酬実質手取額　－　年間生活費　＝　余剰資金

「銀行は個人資産まで返済財源とするのか」と個人資産の開示を拒む経営者もいますが、それは間違いです。資産を持っていることをアピールすることで、追加融資を受けられる可能性が出てきます。1次評価で点数が低くても、3次評価で査定がアップすることもあるのです。赤字で債務超過であっても、経営者個人の資産背景を基に融資を受けられる会社はあるものです。

4 資金繰り表

(1) 資金繰り表とは

会社の維持・継続のために最も重要なものは何だと思いますか。

売上でしょうか?利益でしょうか?

売上も利益も、もちろん重要ですが、会社の維持・継続のために「最も」重要なのは「現預金」ですよね。

利益がどんなに出ていてもお金が無くなれば、会社は倒産してしまいます。逆に、どんなに赤字であったとしてもお金があれば会社は倒産しません。キャッシュフローは企業にとって、まさに生命線なのです。

「勘定合って銭足らず」、「黒字倒産」、こういった事態を事前に察知し、そうならないように対応するのが「資金繰り」であり、資金の流れを一覧表にしたのが「資金繰り表」です。「キャッシュフロー計算書」としばしば混同されますが、「資金繰り表」は会社の数か月、数年先の資金繰りを予測するのに対し、「キャッシュフロー計算書」は過去のお金の流れを記録したもので大きく異なります。

会社の維持・継続のために、最も重要な「お金」の管理をするのに必要不可欠な「資金繰り表」ですが、誰が作成すべきなのでしょうか?言うまでもなく経営者自身なのですが、作成していない経営者が多いのが現状です。その理由は、「作成する時間がない」「資金繰り表の作成方法が分からない」ということです。また、税理士など外部に任せたくても、税理士の受験科目には資金繰りの科目はありませんし、過去の経営結果を税務申告書にまとめる作業は行っても、未来予測を基に資金繰り表の作成サポートを行う税理士は多くありません。そこで、資金繰り表の作成支援やアドバイスも知っておくと、経営者に喜ばれるだけでなく、他の保険パーソンとの大きな差別化につながります。

(2) 回収は、できるだけ大きく早く、支払いは、できるだけ小さく遅く

さて、資金繰り表の重要性をお伝えしたところで、損益と資金の関係についてあらためて説明したいと思います。通常、損益計算書の利益と資金収支は一致しません。たとえば、次のような取引Aがあったとしましょう。

(取引A)

①1月1日にA商品1,000円を掛けで購入した。なお、買掛金の支払期日は2月10日である。
②1月20日にA商品を2,000円で現金で販売した。

この場合は、1月20日に売上代金2,000円がまず入ってきて、その後、2月10日にA商品代金1,000円を支払うことができるので、資金不足にはならず手元に現金1,000円が残ります。

一方で、次の取引Bの場合はどうでしょうか。

(取引B)

③1月1日にA商品1,000円を掛けで購入した。なお、買掛金の支払期日は2月10日である。
④1月20日にA商品を2,000円で掛け販売した。なお、売掛金の回収期日は2月28日である。

　この場合は、A商品仕入代金の支払い時点までに売上代金が回収できないため、2月10日に▲1,000円の資金不足が発生してしまいます。ただし、ここを何とか乗り切れば2月28日は手元に1,000円の現金が残ります。

　つまり、取引Aも取引Bも、結果としては1,000円の利益を獲得していますが、取引Bは月中に資金不足が発生し、会社が倒産してしまいます。

このように損益計算書上の利益と資金収支は通常、一致しません。資金繰り表のみがこの点を把握できるのです。ちなみに、中小企業において資金繰りを改善する大原則は、「回収は、できるだけ大きく早く。支払いは、できるだけ小さく遅く。」ですので、念頭に置いておいてください。

(3)資金繰り表が必要な会社とは

　資金繰り表はすべての会社に必須の財務資料だと言えます。

　手元に潤沢な現預金があれば、特に作らなくても資金繰りの問題が発生する可能性は低いかもしれません。しかし、多額の固定資産購入や本業の赤字はいつ発生するか分かりませんし、また、急激な売上拡大に伴う仕入の発生で資金が必要となれば、あっという間に資金繰りの問題が発生しかねません。

　手元資金が少ない会社の場合は、言わずもがなです。売掛金の回収期間と買掛金の支払期間に乖離がある場合、月中にも資金ショートしてしまう可能性がありますので、こういったケースでは、月次ではなく日繰りの資金繰り表を作成する必要があります。また、預金口座が複数ある会社は、口座間の資金移動をし忘れることによって、決済ができなくなることがないように日繰り資金繰り表を作成すべきでしょう。

　銀行から融資を受ける場合、必ず将来の収支見込みの提出を要求されます。借入れた資金で何に投資をし、投資資金をどのように回収していくのかを、銀行に対して説明しなければなりません。この時に必要となるのは、半年～1年程度の月次資金繰り表が一般的です。

(4)資金繰り表の構造

　資金繰り表の作成は任意ですので、自社に合った項目・記載方法で作成してかまいませんが、一般的には図のような構造になっています。

■資金繰り表の構造

前 月 繰 越		A
経常収支 (本業での収支)	売上・売掛金入金	B
	買掛金・諸経費支払	C
	差額合計	D＝B－C
投資収支 (資産購入・売却の収支)	固定資産売却収入	E
	固定資産購入支払	F
	差額合計	G＝E－F
財務収支 (金融機関からの借入・返済の収支)	新規資金調達	H
	借入金返済	I
	差額合計	J＝H－I
翌 月 繰 越		K（翌月のA）＝A＋D＋G＋J

(4)-1　経常収支

経常収支とは、「事業でキャッシュがいくら回収され、いくら支払われたか。」を確認する項目です。

経常収支はプラスであることが望ましいですが、マイナスだと絶対ダメということではなく、内訳の確認が大事です。たとえば、広告宣伝費でたまたま支払が今月に発生しただけで、今後発生しないのであれば特段問題はないと言えます。また、季節変動要因が大きい商売の場合、保有在庫との関係で買掛金の支払が多い月などは、経常収支がマイナスになることもあるからです。

ただし、数か月もマイナスが続いたり、1年通算で経常収支がマイナスの場合は要注意です。このケースは、本業の収益性が低く、事業継続に必要な資金が本業では確保できていないわけですから、このまま手を打たずに事業を継続していくと、いずれキャッシュが底をついてしまいます。

(4)-2　設備収支

設備収支とは、設備投資などによる資金の流出、逆に設備の売却による資金の流入で、設備によって変化する資金の収支です。たとえば、製造業であれば機械の購入にかかる費用は設備支出です。また、不動産などの固定資産を売却することで得られる資金は、設備収入です。

設備投資は、借入金で賄うケースがほとんどです。なぜなら、金額が大きく、自己資金を使用してしまうと資金繰りを悪化させてしまうからです。そうした状況を避けるためにも、設備投資が資金繰りにどのような影響を与えるのかを確認することが大切です。

(4)-3　財務収支

財務収支とは、金融機関からの資金調達や既存借入金の返済などの収支をいいます。中小企業では銀行借入がある会社がほとんどなので、財務収支は資金繰りにおいて非常に重要なポイントとなります。たとえば、経常収支が毎月1,000千円プラス（設備収支はゼロ）の会社があったとします。この場合、財務収支がマイナス1,000千円を超えていなければ資金繰りに問題はありません。借入金の返済も順調に進むでしょう。しかし、財務収支のマイナスが経常収支のプラスの範囲を超えている会社が多いのが現実です。こういったケースでは、新規借入を行って財務収支をプラスにしているパターンが多いのです。

以上、資金繰りは、経常収支、設備収支、財務収支の3つを並行して考えることが重要です。

(5) 実績資金繰り表と予定資金繰り表

資金繰り表としては、「日繰り」、「月繰り」、「年繰り」とありますが、月次のものが一般的です。

■月次資金繰り表の例

			1月	2月	〜	合計
月初繰越残高						
経常収入	現金売上					
	売掛金回収					
	その他収入					
	合計					
経常支出	現金仕入					
	買掛金支払					
	諸経費支払					
	人件費支払					

	支払利息				
	その他支払				
	合計				
経常収支					
設備収支	設備売却収入				
	設備購入収入				
	合計				
財務収支	借入金収入				
	借入金返済				
	合計				
当月収支					
月末繰越残高					

その特徴としては

- ✓ 実務上、使用頻度が一番高い
- ✓ 金融機関が要求するのは、通常この資金繰り表
- ✓ 各項目は適時分かりやすいものに修正
  - ⇒ 一覧性を優先して項目だけ記載して、詳細は別紙に記載する事もある
- ✓ 設備収支に関しては、使用頻度が低いので、割愛している場合も多い

などが挙げられます。

また、資金繰り表には、「実績」資金繰り表と、「予定」資金繰り表があります。

本書では具体的な作成の仕方まではご説明しませんが、作成に必要な資料と大まかなチェックポイントをお伝えします。実績資金繰り表は、過去の現金出納帳、各金融機関の口座通帳から作成できますが、予定資金繰り表は今後の事業計画を基に作成しますので、何よりもまずは、しっかりとした経営計画を立てる必要があります。その上で、次の資料が必要になります。

予定資金繰り表作成に
必要な資料

①月次売上計画⇒これに伴う売掛金回収予定表（と、受取手形予定表）

②売上原価計画⇒これに伴う買掛金支払予定表（と、支払手形予定表）

③経費計画（人員計画含む）⇒これに伴う未払金支払予定表

④設備計画

⑤金融機関借入返済計画表

このように、予定資金繰り表の作成には、各種の計画とそれに伴う資料が必要となり、非常に手間がかかります。これが予定資金繰り表を作成できない理由だと思われます。

(6) 資金繰り表のチェックポイント

資金繰り表のチェックポイントは、次のとおりです。

①経常収支がマイナスになっていないか

最重要項目です。賞与の支払や月ズレなど特別な要因がなく経常収支のマイナスが続くのであれば、ビジネス自体に問題がある可能性があります。

②現預金残高は月間平均粗利益の3か月分（または平均月商の1か月分）以上あるか

現預金残高が月間平均粗利益の3か月分（または平均月商の1か月分）以上あれば、資金的には問題ないと言えるでしょう。逆に、月商の3か月分以上ある場合は、持ち過ぎの可能性もあります。

③経常収支よりも借入金返済の方が多くなっていないか

経常収支がプラスでも、借入金の返済額がそれを上回っていれば、いずれ現預金残高がマイナスになってしまいます。ですので、経常収支が返済額を上回るように資金繰りを改善しなければなりませんが、経常収支の改善には通常、時間がかかるので、緊急時には財務収支の改善に取り組むことになります。この場合、金融機関から資金調達を行うことも手段の一つですが、常に応じてもらえるとは限りません。その場合は、リスケジュール（返済条件の変更）等で対応する必要があります。

④設備投資が資金繰りを悪化させる原因にならないか

工場や店舗の建設、機械の購入は、多額の資金が必要となります。金融機関からの借入で設備投資を行ったにもかかわらず、投資額に見合うだけの売上や利益に結び付かなかった場合は、資金繰りを大きく悪化させ、しかもそれが長期間続くことになります。設備投資を検討するときには、売上や利益を慎重に予測しなければなりません。

⑤現預金残高がマイナスになっていないか

現預金残高がマイナスになっているという事は、その時点で資金ショートを起こし、ほぼ倒産している状態を意味します。そのようなことにならないように資金繰り表を作成して、事前に危機を察知し対策を講じるわけですが、経常収支・設備収支・財務収支、大きく3つの改善策を検討する必要があります。

（1）経常収支の改善

最も重要ですが、当然ながら時間がかかります。特に収入を増やす対策は難しいので、支出を削減する計画が通常選択されます。

（2）設備収支の改善

機械や不動産など保有資産の売却で、金融機関は進めたがりますが、すぐに売却できるとは限りませんし、足元を見られて買いたたかれるケースも多く見受けられます。遊休資産であればいいですが、事業に必要な資産まで売却することは回避しなければなりません。

（3）財務収支の改善

最も即効性があります。まずは金融機関から新たな資金調達を検討します。それでも間に合わなければ既存融資の返済を止める交渉を行います。(リスケジュール)

【単位/千円】

年 月	令和3年 4月予定	5月予定	6月予定		令和4年 1月予定	2月予定	3月予定	累計
前 月 よ り 繰 越	36,756	13,822	141,651		98,764	91,322	77,001	―
現 金 売 上	11,348	13,271	17,595		19,835	19,835	20,910	202,897
売 掛 金 回 収	4,061	6,522	7,710		15,123	16,262	16,262	140,077
カ ー ド 売 掛 金 回 収	16,002	19,366	24,602		31,664	33,150	34,310	322,239
そ の 他 収 入	21,560	28,560	560		560	560	560	55,720
《 経 常 収 入 》	52,971	67,718	50,466		67,181	69,806	72,041	720,932
現 金 仕 入	0	0	20		0	0	0	0
買 掛 金 支 払（振込）	8,625	11,089	12,940		17,573	18,892	19,154	183,116
人 件 費（給与・賞与）	15,085	15,611	17,970		21,928	22,710	23,711	224,658
社 会 保 険 料（預り金）	0	0	0		3,153	3,078	3,168	17,164
労 働 保 険 料（預り金）	1,200	750	0		0	0	0	2,700
市 県 民 税（預り金）	1,400	1,400	1,400		1,600	1,600	1,600	18,000
地 代 家 賃	4,554	4,788	5,738		7,223	7,223	7,598	74,402
経 費	9,888	10,925	11,979		16,981	18,465	18,183	160,210
保 険 料	196	196	196		196	196	196	2,352
支 払 利 息	588	590	585	~	559	553	551	6,849
租 税 公 課	408	408	408		408	408	408	4,896
未 払 消 費 税 等	0	0	4,000		0	6,000	0	22,000
未 払 法 人 税 等	0	250	0		0	0	0	250
そ の 他 経 費	0	0	0		0	0	0	0
《 経 常 支 出 》	41,943	46,007	55,235		69,621	79,125	74,569	716,597
【 経 常 収 支 】	11,028	21,711	-4,769		-2,440	-9,319	-2,528	4,335
								0
《 設 備 収 入 》	0	0	0		0	0	0	0
店 舗 撤 退 費 用	30,000							30,000
								0
《 設 備 支 出 》	30,000	0	0		0	0	0	30,000
【 設 備 収 支 】	-30,000	0	0		0	0	0	-30,000
A 銀 行		100,000						100,000
B 銀 行		10,000						10,000
《 財 務 収 入 》	0	110,000	0		0	0	0	110,000
C 銀 行	2,404	2,324	2,195		3,444	3,444	3,444	32,924
D 銀 行	617	617	617		617	617	617	7,404
E 銀 行	111	111	111		111	111	111	1,332
A 銀 行	0	0	0		0	0	0	0
B 銀 行	830	830	830		830	830	830	9,960
《 財 務 支 出 》	3,962	3,882	3,753		5,002	5,002	5,002	51,620
【 財 務 収 支 】	-3,962	106,118	-3,753		-5,002	-5,002	-5,002	58,380
次 月 繰 越	13,822	141,651	133,129		91,322	77,001	69,471	―

- ✓ 損益計画との整合性は？
- ✓ 資金調達の必要はないか？
- ✓ 経常収支は黒字安定化できるか？
- ✓ 約定返済の状況は？
- ✓ 年間の経常収支はプラスか？
- ✓ 次月繰越金がマイナスの月はないか？
- ✓ 設備投資は妥当か？
- ✓ 期首との増減は？

5 経営計画

(1) 経営計画は何のためにつくるのか?

　経営を取り巻く環境の変化は激しく、変化に対応しながら、事業を継続し、発展・成長させるためには経営計画はなくてはならないものですが、経営計画とは、一言でいうならば、経営理念やビジョン、経営者が考える会社の将来のあるべき姿を、明確に、かつ具体的に表したもので、いわば「経営の設計図」です。設計図があるのとないのとでは結果に雲泥の差が出ることは言うまでもありません。前述した資金繰り表も経営計画がなければ作れませんし、損益計画から、販売計画、仕入計画、人員計画、投資計画、個別具体的なアクションプランに至るまで、経営計画を基にして作られるものです。

(2) 経営計画をつくるメリット

　経営計画をつくる4つのメリットについて解説します。

①目標達成に向けてやるべきことが明確になる

　そもそも経営の目標がなければ何も始まりません。目標は、言葉だけでなく数字で表す必要があります。数値目標がないと管理のしようがないからです。

　また、目標達成のためには、経営者だけでなく、全社員が目標を理解し、同じ方向を向く必要があります。

　経営計画を立てるうえで重要なことは、経営者自らが会社の将来のあるべき姿（ビジョン）と、数値目標を定めることです。そして、正しく現状を把握してあるべき姿とのギャップを明らかにします。そのギャップを埋めるための現実的で実行可能な計画を立て、社員と共有します。つまり、経営計画を立てることで、目標達成に向けてやるべきことが明確になります。

②社員のやる気を高める

　経営計画は社員と共有する必要があります。経営者だけが目標を持っていて全社員がそれを理解していなかったとしたら、いくら全員が個々に頑張ったとしてもベクトルが合わず目標達成はおぼつきません。かえって足を引っ張る結果にすらなりかねません。目標を社員と共有するためには、社員にとっても魅力的な会社を目指すという事です。現在、中小企業は優秀な人材の確保に困っています。この課題に対処するためにも、雇用環境の改善、やりがいのある目標設定、公平・適正な人事評価制度や業績管理制度の構築など、魅力的な会社をつくらなければなりません。このような会社を目指し、共通の目標に向かって、相互にコミュニケーションを密にすることで、「目標達成に貢献したい」という社員のやる気を高めることになるのです。

③行動の管理と結果の振り返りができる

　経営計画は言葉だけでなく具体的な数字で表されますので、結果の振り返りが可能になります。予定と実績の比較をすることで予実差異が明らかになり、差異が生じた原因を探ることできます。具体的なアクションプランを作っていれば、差異が生じた原因と紐づけて振り返りができますので、差異が生じた原因が明確になり、改善策も見つけやすくなります。

④対外的な信用力が高まる

　たとえば、銀行融資を受ける際に経営計画の提出を求められたとしましょう。そのときに、「作ってないので、必要なら今から作ります。」と答えるのか、「私の頭の中にはありますのでそれを整理します。」なのか、

「売上高、粗利、経常利益等の予想損益表くらいはあります。」というレベル、あるいは「事業部門別にどういう戦術を展開してどのように収益を上げていくか具体的な設計図を作っています。」と説明できるのか、中小企業の実態はさまざまですが、確実に言えることは、後者になるに従い銀行融資は受けやすくなるということです。金融機関は会社の将来性もしっかり見ています。成り行きで経営していると見られるのか、しっかりした計画を持って経営していると見られるのかによって、信用力に差が生じることは明白です。

　もちろん、金融機関のみならず取引先や株主などほかのステークホルダーについても同様に信用力が高まりますし、目指している方向を理解してもらうことで協力も得やすくなります。

(3)計画は「タラレバ」でつくる

　「未来の予測なんて無理」という声もよく聞きますが、経営計画は予測ではありません。「タラ」「レバ」、すなわち仮定でいいのです。経営者自らが、「こういう会社にしたい」とイメージする将来のあるべき姿（ビジョン）を描き、そこに向かうために「今やるべきこと」を決めることが経営計画です。そして、経営者と社員で共有し、腹落ちさせて、実行する。これを管理していくツールが経営計画なのです。つまり、銀行や税理士から勧められたので、とりあえず策定したというレベルでは全く意味がありません。経営者自身が必要性を感じて取り組むものなのです。

　「未来の予測」など誰にもできませんが、過去の外部環境と自社の経営状況を併せて振り返ることで、将来の外部環境が「こうなったら、こう行動する」「こうなれば、こう対応する」というシナリオを立てておくのです。最良のシナリオ、最悪のシナリオ、順当なシナリオと立てておけば、どんな状況になっても対応できる体制を整えておくことができます。もちろん、想定外の状況も起こるかもしれませんが、仮にそうなったとしても、振り返ってその原因を分析し改善策につなげることができればいいのです。経営に最初から正解はありません。答えがないという前提で経営計画をつくるのです。

　大企業ではないのですから、第三者がとやかく言ってくることはありません。強いて言えば銀行がチェックすることはありますが、仮に計画通りにいかなくても、大幅な赤字にさえ陥ってなければ、計画と現実との乖離とその原因を分析して報告すればいいだけです。

　こうして「タラレバ」の経営計画をつくっていくうちに、現実とのブレ幅は次第に縮まっていきます。経営者の経験と感覚がだんだん研ぎ澄まされていくのです。

(4)「根拠ある経営計画書」は7W3Hで表現する

　経営計画は「タラレバ」でつくる、と言ってもそこには具体的な根拠がなければなりません。よくある経営計画書で、目標利益を達成するために、前年度の実績数字に対して「売上高は何％増、経費は何％減」と数字だけ合わせているケース。その根拠まで落とし込まれていません。このような、言わば「数字羅列型経営計画書」では、銀行に突っ込まれた際に回答に窮することが目に見えています。それどころか、このような「魂のこもっていない」経営計画書では、経営者の関心も薄いので予実管理などのモニタリングも真剣になれないのも仕方ありません。

　では、「根拠ある経営計画書」はどのようにしてつくればいいのか。

　作成手順は後述しますが、そのポイントは「SWOT分析を行い、7W3Hで表現する」ということに尽きます。会社の将来のあるべき姿を定めたら、「SWOT分析」で外部環境と内部環境の分析を行い、現状の確認をします。そして、クロスSWOTで分析結果をさらに掘り下げて戦略・戦術を立てたら、具体的なアクションプランを「7W3H」で表現していくのです。

アクションプランを作るときは、

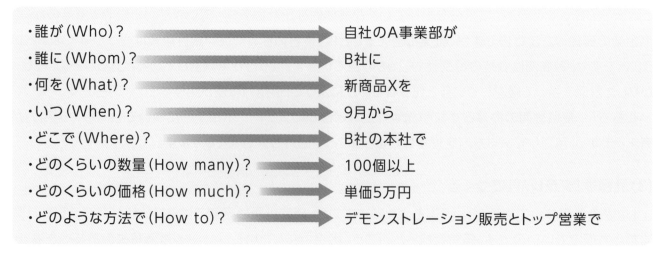

- 誰が（Who）？ → 自社のA事業部が
- 誰に（Whom）？ → B社に
- 何を（What）？ → 新商品Xを
- いつ（When）？ → 9月から
- どこで（Where）？ → B社の本社で
- どのくらいの数量（How many）？ → 100個以上
- どのくらいの価格（How much）？ → 単価5万円
- どのような方法で（How to）？ → デモンストレーション販売とトップ営業で

というイメージで作ります。

　販売計画に対して、原価がいくらかかるのか、販促費にいくらかけるのか、そして、いくら利益をもたらすのか、これらについても7W3Hで表現します。「どのような方法で」には、マーケティングや投入する人材も明らかにしておきます。さらに、Why（なぜ）についても「すでに事前説明でいい感触を得ている」などの確認をします。そして、選択肢があるならば、「Which〜or（どちらか）　＝　汎用品または特殊品」というように論理的に表現していきます。

　こうして作成されたものが、「根拠ある経営計画書」となるのです。

(5)「根拠ある経営計画書」の策定手順

- ステップ❶ ビジョンをイメージ
- ステップ❷ 戦略の立案
- ステップ❸ 戦略から具体的な戦術へ
- ステップ❹ 損益計画の作成
- ステップ❺ 具体的なアクションプラン
- ステップ❻ モニタリング

ステップ❶ ビジョンをイメージ

　まずは、3〜5年後のあるべき姿を定めます。

　たとえば、「新規店舗を10店出して売上高を1.5倍にしたい」とか「利益を2倍にして既存借入金を5年後に返済したい」というように目標を具体的にイメージすることが大切です。

ステップ ❷ 戦略の立案

SWOT分析で、外部環境である「機会」と「脅威」、内部要因である「強み」と「弱み」を洗い出します。

外部環境は「PESTEL分析」の視点で見ていくと、自社にとっての「機会」「脅威」を抽出しやすくなります。PESTEL分析には次の6つの視点があります。

「政治的(Political)」、「経済的(Economic)」、「社会的(Sociological)」、
「技術的(Technological)」、「環境的(Environmental)、「法律的(Legal)」」の6つです。

内部要因は「強み」の抽出に力点を置きます。「強み≠良い点」であることに注意します。どういうことかというと、「機会」に対して少しでも活かせそうな自社の優位点が「強み」であるということです。また、見方を変えれば「強み」だと思っていたことが実は「弱み」だったり、もちろんその逆もありますので、しっかりと議論して自社の「強み」を見つけ出します。

「機会」・「脅威」、「強み」・「弱み」を洗い出したら、それぞれの要素を掛け合わせたクロス分析を行って、戦略の検討を行います。戦略としては、「機会×強み⇒積極戦略」、「脅威×弱み⇒撤退・縮小戦略」、「機会×弱み⇒改善戦略」、「脅威×強み⇒差別化戦略」がありますが、特に「積極戦略」をどのように抽出するかが重要です。

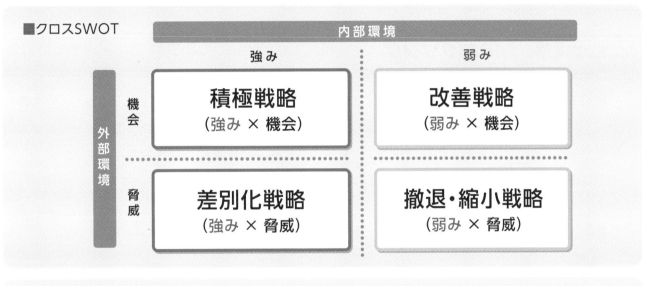

ステップ ❸ 戦略から具体的な戦術へ

ステップ2で抽出された戦略をさまざまな戦術に落とし込み具体化します。この時点で、銀行など社外だけでなく社内でも具体的なイメージができるようにします。具体的であることで、次のステップ以降の計画が立てやすくなるからです。各種方針や大まかな目標数字もここで記載します。

ステップ ④ 損益計画の作成

　ステップ3で組み立てられた各種戦術を数値化して「損益計画」を作成します。

　損益計画を作成するには、おおまかな「販売計画」、「仕入計画」、「人員計画」、「経費計画」、「投資計画」が必要になります。たとえば、「販売計画」であれば、売上高目標を必要利益から逆算して割り出します。「販売計画」と「仕入計画」は変動費として売上高に連動しますが、「人員計画」と「経費計画」は売上高に連動するものか、固定費なのか留意します。

ステップ ⑤ 具体的なアクションプラン

　損益計画の根拠となる具体的な行動を7W3Hで表現できるレベルまで落とし込みます。

　商品別、店舗別、担当別などでブレークダウンし、誰が、誰に対して、何を、いつ、どこで、なぜ、どちらかで、どのくらいの数量を、どのくらいの金額で、どのような方法で、ということを具体的に表現していきます。実現可能性を加味して修正。これを繰り返すことで精度がアップします。

ステップ ⑥ モニタリング

　経営計画・損益計画が予定どおりに実行されているか、半期または四半期ごとにモニタリングします。このとき、重要業績評価指数（KPI）を設定しておくことで、計画の達成度や改善のポイントが数値で分かるようになります。KPIは、たとえば、新規顧客に対する見積書作成件数などになります。

　ちなみに、適切なモニタリングのためには数値情報が迅速に上がってくることが大切になります。つまり、経理のスピード化が必要になるということです。「自計化」を目指すことも経営管理にとっては重要なポイントになってきます。

第7章

セルフブランディングと
見込み客発掘について

何事もそうですが、「目標」を実現するためには、「計画を立て、その実行状況を確認し、問題点を把握し、計画を修正する」ことが大切です。いわゆるPDCAですが、このサイクルを何回転させるかで目標達成に近づきます。

　経営計画はもちろんのこと、それは、個人レベルの目標管理においても言えることです。
本章では、目標達成のためのPDCAサイクルの回し方、そして、セルフブランディングと見込み客発掘のヒントについて見ていきます。

1 法人生保の成功方程式

(1) 法人生保の成功方程式とは5つの壁を突破すること

　目標達成のためには、PDCAサイクルを回しながら、次の5つの壁を越えていく必要があります。

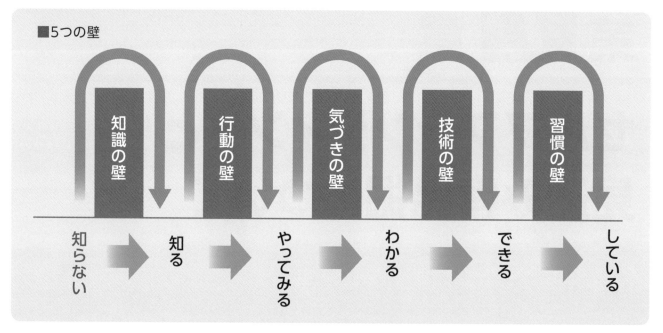

■5つの壁

知識の壁　行動の壁　気づきの壁　技術の壁　習慣の壁

知らない → 知る → やってみる → わかる → できる → している

　よく言われることですが、「知る」と「分かる」の間には高い隔たりがあります。「分かる」と「できる」の隔たりもまた同様に高いものです。壁を突破するための重要なポイントは、「行動と振り返り」ですが、「無計画は失敗を計画するようなもの」と言われるように、行動で躓くほとんどのケースは計画性の無さにあります。壁を突破するためには、「計画」と「行動」と「振り返り」、つまり「PDCA」サイクルを回すことなのです。ところで、計画に時間をかけすぎて、行動に移せないのも問題です。PDCAをきちんと回すことのできる人は意外と少ないものです。計画を立てる人は30%だそうです。計画を立ててもそのうち15%しか実行しない。実行した人の半分が評価を行い、改善まで行う人がそのまた半分だとすると、30%×15% ×50%×50%＝1.125%、つまり、PDCAをしっかりと回して目標達成する人は、100人のうち1人だけという計算になります。

　法人生保販売には財務スキルが不可欠であることを学んだ読者のみなさんにおかれては、実際に「行動と振り返り」を繰り返しながら、目標の達成をしていただきたいと思います。

過去を振り返ることによって、自分が何をすればいいのかということが自然と明確になっていきます。未来というのは、過去と現在の延長線上にあるわけですから、過去を振り返ることで、進むべき未来が見えてくるのは、当然といえば当然のことかもしれません。

さらに、振り返りを繰り返すことによって、過去と未来をつなぐ線が太く、確かに見えるようになります。

「これからが、これまでを決める」という言葉があります。もちろん過去に起こった出来事は変えることはできませんが、これから自分がつくっていく未来が、過去の出来事の意味合いを変えていくのだと思います。

また、「インプット⇒アウトプット」よりも、「アウトプット⇒振り返り⇒インプット」という順番の方が、圧倒的に成長スピードが速い。

「行動⇒振り返り」により気づきを得て、またすぐ行動するというサイクルを、自分の習慣にできるかどうか、愚直に回し続けられるかどうかが人生を左右します。

（2）5つの壁を突破するにはどうしたらいいのか

5つの壁を突破するためのトレーニング方法については、各自それぞれの方法があると思いますが、ここでは一般的な例や意識すべきポイントを上げておきますので参考にしてください。

①「知識の壁」を突破する

- ・3か月間で30社の決算書分析（1社90分以内）にトライ
- ・業種別審査事典の活用する
- ・決算書分析は、過去対比/業界対比でイメージする
- ・銀行取引の基本を学ぶ（関連書籍、動画研修、各種セミナーなど）
- ・簿記3級、できれば2級を取得する
- ・ニッキン（日本金融新聞）の購読

②「行動の壁」を突破する

- ・年間行動計画を立てる。（年間売上の目標、活動量の目標などを数字にする）
- ・年間計画を基に、4半期⇒1か月⇒1週間⇒1日とブレークダウンした行動計画を作る。
- ・箇条書きでいいので、日々の振返りを行う。

③「気づきの壁」を突破する

・他人から言われている間は気づけない。自ら理解する必要がある。

・答えは与えられるのではなく、自ら考え、組み立てる。

・「耳」がポイント。たとえば、ロープレや商談を録音し、振返る。

・研修講師など、師を見つけ、自分で財務分析したものを添削してもらう。

・(お客様の声やアドバイスを)決めつけずに聴く。

④「技術の壁」を突破する

・メンタル面の技術と営業スキルとがある。

・どちらも原理原則が大事。

・原理原則とは、「財務をベースに、万一の保障を提案する」こと。

⑤「習慣の壁」を突破する

・まずは1先の成功体験を。偶然ではなく必然で。

・仲間を巻き込み、刺激を受け、成長できる環境をつくる。

・管理が大事。

・管理とは、スケジューリングとタスク出しがポイント。コーチをつけるのも有効。

・まずは3日続ける。次は3週間。そして3ヶ月続けば習慣化できる。

　以上、成功方程式の5つの壁を突破するために必要なポイントを挙げましたが、つまるところ、目標達成の最大のカギは習慣形成にあります。習慣は、あなたが望む・望まないに関わらず、あなたの行動パターンを決めてしまう強い力があります。注意しなければならないのは、その習慣があなたにとってプラスかマイナスかに関係なく実行してしまうということです。明確な目的意識を持って主体的に身に付けた習慣と、何の目的意識もなく惰性で身に付いてしまった習慣、どちらを選択しますか。法人生保の成功方程式における目的は、原理原則である「財務をベースに、万一の保障を提案する」ことです。明確な目的意識をもって、まずは成功への第一歩を踏み出してください。

　成功も失敗もすべては自分が作った習慣の結果です。適切な習慣を身に付ければ、誰でも自分の生活を変え、運命を変えることができるのです。本節の締めにマーガレット・サッチャーの言葉を。

　「思考は言葉となり、言葉は行動となり、行動は習慣となり、習慣は人格となり、人格は運命となる。」

2 セルフSWOTのススメ

　営業マン、コンサルタント、士業など職種にかかわらず、ビジネスに携わる人にとって、セルフブランディングが大切であることは言うまでもありませんが、「自分らしさ」「自分の個性」をなかなか見出すことができず、右往左往している人を多く見かけます。自分勝手な思い込みや、特定の人の意見に左右されてセルフブランディングを試みてもうまくいきません。たとえば、平成の時代には強みであった「税務売り」の知識も、令和の時代には通用しなくなるように、環境変化に合わせた「自分の強み」を見出さなければ結果は出ないのです。

なぜ、「自分の強み」をなかなか見出せないのでしょうか。その最大の原因は、適切な自己分析ができていないことにあります。

そこで、SWOT分析を自分自身に対して行ってみることをお勧めします。これをセルフSWOTといいます。セルフSWOTを使って自己分析することで、論理的に「自分らしさ」「自分の強み」を導き出すことができ、「セルフブランディング」がイメージできるようになります。

経営計画のパート（129ページ）でも述べたように、「強み」と「良い点」は同じではありません。外部環境の「機会」に対して活かせそうな自分の優位点こそが「強み」となります。

自己分析の際には、SWOT分析だからといって、S（強み）⇒W（弱み）⇒O（機会）⇒T（脅威）の順番で行うよりも、O（機会）⇒S（強み）⇒T（脅威）⇒W（弱み）の順番で行う方がいいでしょう。なぜなら、機会分析から始め、その「機会」に使える「強み」を検討することで、同時にクロス分析である「積極戦略」のアイディアも湧いてくる可能性が高いからです。「積極戦略」のアイディアが浮かんだらすかさずメモします。

セルフSWOT分析のポイントは、「機会」と「強み」の分析に充分な時間をとり、さまざまな角度から検討することです。「機会」と「強み」の掛け算である「積極戦略」にセルフブランディングのヒントがあるからです。逆に、「脅威」や「弱み」の検討はほどほどにしておいた方がよいでしょう。そうしないと、「できない理由」「やらない理由」を論理的に納得してしまい、悪い自己暗示にかかってしまう恐れがあるからです。ただし、「機会」×「弱み」の「改善戦略」については、セルフブランディングに必要なことであれば、スキルの習得や資格の取得を、1〜3年程度の時間をかけて計画に落とし込むことが大切になります。

こうしてセルフSWOT分析によって見出した「自分の強み」、セルフブランディングは納得度が高いので、モチベーションも向上し、行動につながります。

■クロスSWOT　積極戦略

		内部環境	
		強み	弱み
外部環境	機会	積極戦略 （強み × 機会）	改善戦略 （弱み × 機会）
	脅威	差別化戦略 （強み × 脅威）	撤退・縮小戦略 （弱み × 脅威）

3 既契約者（個人・法人）の棚卸しとプロスペクティング（見込み客発掘）

(1) 保険パーソンの立ち位置

　セルフブランディングのイメージができたら、実際に経営者にアポイントを取り、自分の学びをアウトプットしたいものです。経営者に対して、なぜ自分が財務を学んでいるのかを自己開示することで「保険屋さん」に対する先入観を払拭するのです。エレベーターピッチと言われる30秒（250文字程度）から、1～2分、10分など複数のパターンを用意しておくといいでしょう。財務知識を身に付けた保険パーソンの立ち位置としては、銀行と会計事務所の間で、経営者を下支えする「縁の下の力持ち」のイメージでしょうか。会計リテラシーの低い経営者の場合、銀行や会計事務所に言われるがままのお付き合いをしているケースが多いので、銀行や会計事務所の「通訳」をしたり、「未来会計（管理会計）」の視点で情報提供を行うことにより、経営者をサポートします。

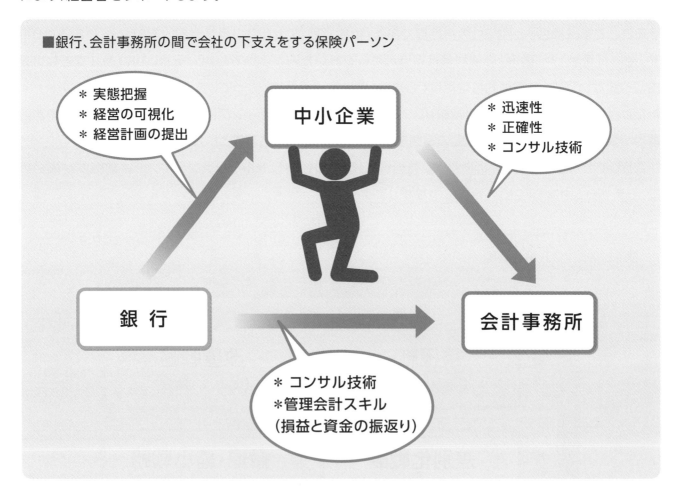

■銀行、会計事務所の間で会社の下支えをする保険パーソン

＊実態把握
＊経営の可視化
＊経営計画の提出

中小企業

＊迅速性
＊正確性
＊コンサル技術

銀　行

会計事務所

＊コンサル技術
＊管理会計スキル
（損益と資金の振返り）

(2) サスペクトとプロスペクト

　経営者にアポを取りたくても、知り合いに経営者がいない。行くところがない。といった声もよく耳にしますが、国内の法人と個人事業者数は合わせて420万者もあるのですから、行くところはいくらでもあるはずです。「行くところがない」のではなく、実は「自分に自信がない」のではないでしょうか。あるいは、プロスペクティング（見込み客探し）をしていないのではないでしょうか。「自信」については、財務を学び、成功方程式に従って習慣化することで克服できます。ここでは、「プロスペクティング」について少し整理してみたいと思います。

　プロスペクティングとは、「見込み客の発掘」のことで、プロスペクトとは「見込み客」となります。混同しがちなのですが、実はその前段階として「サスペクト（潜在顧客）」があります。サスペクトの段階からプロスペクトを掬い上げる活動が「マーケティング」、プロスペクトに対して商談などのコミュニケーションを通じてクロージングを行うことが「セリング」になります。「マーケティング」と「セリング」も混同していることが多いです。「マーケティング」は他にも「市場調査」や「広告宣伝」など色々な種類がありますが、ここで述べたいのは、「プロスペクティング」も「マーケティング」の一つだということです。

　どういうことか。マーケティングの具体策としては、飛込みやDMやセミナーなどがありますが、まずは、自分の足元からプロスペクティングを行うことが大事だということです。

　たとえば、個人保険から法人保険マーケットにシフトしたい保険パーソンがいるとします。

　彼は、200世帯の個人顧客を保有しています。200世帯ということは大体300人の被保険者がいるわけです。

　被保険者の両親、子供、兄弟姉妹まで含めると1,200人〜1,500人くらいになりますが、国内の社長は420万人（法人＋個人事業者）、労働人口は6,800万人なので、約6％を掛けると72人〜90人のサスペクトとなります。

　つまり、彼の周りには、72人〜90人の「連帯保証人」がいる可能性があるのです。「お客様を守る」という原理原則、そして保険パーソンとしての信念があるのであれば、既存のお客様に対して、連帯保証債務対策の必要性を伝えに行かない理由がどこにあるのでしょうか。

　このようにプロスペクティングを行い、自分の足元からアプローチしていきます。その間に財務知識を身に付けるトレーニングを行うことで自信と実績を積み重ねることができます。そうすることで次の見込み客開拓の準備が整うというわけです。

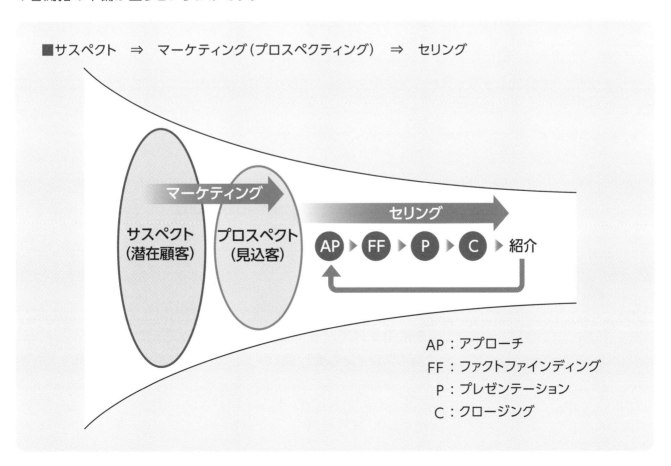

4 セミナーマーケティングについて

　次の見込み客開拓は、既存顧客から拡がる紹介入手が基本になるのは個人マーケットも法人マーケットも変わりありません。新規の白地開拓としては、飛込みやDM、セミナー企画などが考えられますが、闇雲に飛び込んでも非効率ですし、コロナ禍による環境変化で逆効果にもなりかねません。何より、相当のメンタリティがないと疲弊してしまいます。やはり、新規開拓でお勧めなのはセミナーを活用したマーケティングということになります。財務知識を身に付けるという観点においても、セミナーの場はアウトプットとして最高のトレーニングになるでしょう。

　それでは、セミナー企画をどのようにしたらいいのか。経験を重ねるのが一番ですが、最初の一歩が踏み出せないという声も多く耳にします。確かに、個人向けのマネーセミナーや相続セミナーなどは多く開催されていますし、ノウハウを提供する研修もありますので、実際にセミナーを開催された経験のある方もいらっしゃると思いますが、法人・経営者向けのセミナーはそのノウハウを学ぶ場は少ないかもしれません。ここでは、法人・経営者向けセミナーの概略とポイントをお伝えしたいと思います。

　セミナー企画のポイントは、「目的」、「集客」、「コンテンツ」、「セミナー後のフォロー」になります。

(1)目的

　セミナー開催のゴールを設定し、逆算で企画することが大事です。単なる情報提供だけで終わるのではなく、セミナー後、個別面談を実施する。そして、財務的見地でのアドバイスによって、税の繰延べから掛け捨て保険へシフトチェンジ。このイメージを明確に持ったうえでセミナー企画をしてください。

(2)集客

　最も重要で、難しいのが集客です。コンテンツ内容を基に告知チラシを作成することが基本になりますが、チラシの表現方法と配布方法、この2点がポイントになります。

　表現方法については、必ず乗せるべき構成要素と基本のレイアウトがあります。構成要素としては、①集客したいターゲットへの呼びかけ、②キャッチコピー、③ボディコピー、④セミナー概要、⑤客観的なエビデンス、⑥背中を押す一手、⑦アクションの受け皿の7つあります。

チラシに必ず乗せるべき **構 成 要 素**	①集客したいターゲットへの呼びかけ ②キャッチコピー ③ボディコピー ④セミナー概要 ⑤客観的なエビデンス ⑥背中を押す一手 ⑦アクションの受け皿

①集客したいターゲットへの呼びかけ

「これは自分に関係がある内容だ」とチラシを手にしてもらうには、ターゲットを具体的に絞り込む必要があります。絞り込んだターゲットの切実な悩みや課題を端的に表現したメッセージを作ります。

②キャッチコピー

チラシ作成において最も重要な要素になります。ターゲットの切実な悩みや課題に対して、「解決方法が得られそうだ」と瞬時に感じてもらう必要があります。短く、強いインパクトのある表現が理想です。キラーワードの開発を目指したいものです。

③ボディコピー

セミナー内容を具体的に説明します。読み流されることがほとんどですが、コンテンツとの矛盾が生じないようロジカルチェックを行います。

④セミナー概要

日時、場所、プログラム、費用、講師プロフィールなどセミナー当日の概要です。

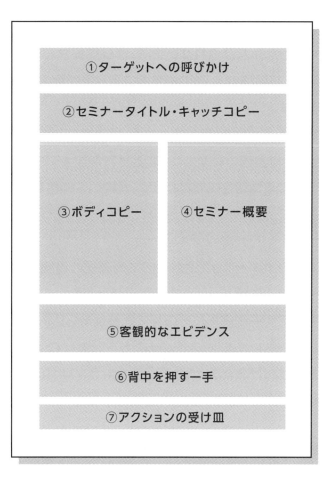

⑤客観的なエビデンス

過去のセミナー実績、過去のセミナー受講者の声、講師の客観的なエビデンス、テーマに合う専門家や権威、公共機関からの推薦など、セミナーに安心して参加できそうだと感じさせる客観的な証拠。

⑥背中を押す一手

興味を持ったターゲットの背中を押す最後の一手です。返金保証、書籍などの特典、初回面談無料などがあります。

⑦アクションの受け皿

興味を持ったターゲットがその場でアクションをとれるよう受け皿は分かりやすくしておきます。申込は電話かメールかFAXか。問い合わせはどうしたらいいのか。受講料はどうしたらいいのか。意外と漏れやすいので入念にチェックします。

チラシの配布方法ですが、対面で手渡し、ポスティング、DM、fakebook広告などさまざまな手法がありますが、最も効果的でお勧めなのはターゲットエリアの商工会議所の活用です。

(3) コンテンツ内容

経営者向けセミナーというと、「社長の可処分所得を最大化」などの税務マターに流れがちですが、やはりテーマは「財務」でいきたいところです。特に資金繰りに関するテーマが経営者の関心を惹きやすくなります。内容としては、「銀行融資」「資金繰り表」「経営計画の策定」。この3本柱で構成するといいでしょう。

銀行融資では、「資金調達の流れ」「融資の仕組み」「具体商品」「審査の流れ」など。「資金繰り表」は作りたくてもなかなか作れないので、作成支援などセミナー後につながりやすい内容となります。「経営計画の策定」も同様で、いずれも本書で取り上げた内容をまとめなおすことで、十分に使えるコンテンツとなるはずです。

　また、受講料は無料ではなく、少額でも有料とすることをお勧めします。なぜなら、経営者の本気度を問うことで集客の質を上げることができるからです。

　単なる情報提供で終わらず、面談への導線を作っておくことも忘れないようにしてください。

(4) セミナー後のフォロー

　このイメージができないので面談後の導線を作れないケースが多いです。「資金繰り」をテーマにしたセミナーに参加した経営者の心境を想像してみてください。どんなに関心のあるテーマであったとしてもセミナー受講後にその場で面談は申し込みにくいものです。参加者の中には知人や同業の経営者もいるかもしれません。そのあたりを配慮して、セミナー終了後の当日あるいは翌日に個別面談の申込みを受け付けられるような仕組みを考えなければなりません。そして、個別面談の場のイメージも作っておく必要があります。たとえば、次のようなイメージです。

●面談前　：　持参資料を準備してもらいます。決算書のコピー3期分、直近の試算表、銀行融資の返済予定表。この3点はマストです。できれば、資金繰り表と経営計画もお願いしたいところです。ただし、この2点は作っていない会社も少なくないので、依頼の仕方は慎重にしてください。逆に考えれば、策定支援の提案の可能性もあるということになります。それと、自分の準備としては、頂いた名刺から、第5章で述べた事前準備（85,86ページ参照）はしっかり行って仮説を持っておくことです。もちろん、業種別審査事典で同業他社の情報は頭に入れておくことを忘れないでください。

●面談当日　：　面談は90分。限られた時間ですが、アイスブレイクに10分、FFに60分、プレゼンに10分、クロージングに10分と大まかな時間配分を想定しておきます。聞き取りメモを兼ねた簡易なタイムテーブルを作っておいてもいいと思います。アイスブレイクでは、天気の話よりは、できれば面談相手が興味を持ちそうな同業他社の情報提供でお互いの緊張をほぐし、相手が話しやすい場づくりを心がけます。FFでは、事前に立てた仮説から7W3Hを使って具体期に質問をしていきますが、あくまでも傾聴の姿勢が大事です。絶対に決めつけてはいけません。プレゼン内容はコンサル契約の受注、もしくは次回面談（課題の解決提案）のアポイント獲得となります。

　というようにシナリオをイメージしておきます。
　こうした準備をした上でセミナー企画を行えば空振りの可能性は随分と減るはずです。あとは、経験あるのみです。

第 8 章

保険パーソンの決算書の
読み方と保険提案の
仮説の立て方

最終章では、ここまでのおさらいの意味も含めて、決算書を預かってから保険提案がイメージできるようになるまでの流れを整理してみます。保険提案といっても、「税務売り」ではなく、「財務をベースとした、保障の提案」です。これが法人生保における原理原則であり、正しい法人生保提案のあるべき姿です。

1 基本方針の確認

　基本的な方向性を確認しておきましょう。まずは、税務と財務の違いを明確に理解すること。そして「税務売り」から脱却し、「財務をベースに、万一の保障の提案」ができるようになることを目指します。そのためには財務力を身に付け、決算書を読めるようになる必要があります。なぜなら、決算書は会社の健康診断書なので、正しく読むことで、会社の健康状態がつかめるからです。その振り返りを行うことで、問題点を明らかにし、将来のあるべき姿に向けての課題を設定することができるようになります。そして、あるべき姿を目指して、課題を解決していくための計画を立てる。計画を立てれば、守るべき未来のイメージが見えてくるので、そこで財務インパクトの話ができれば、潜在化していた万一時の保障の必要性が一気に顕在化します。ですので、保険パーソンのみなさんには、経営者と一緒に会社の将来のあるべき姿をイメージし、計画をつくるお手伝いをしてほしいのです。計画は立てて終わりではありません。実行し、結果を振り返り、あるべき姿を目指して修正・改善し、そしてまた行動するのです。この道程を経営者と共に伴走していくのが保険パーソンである皆さんの役割であり、使命です。それは、道半ばにして経営者の身に万一が起こったとしても、その想いを後継者に伝え、後継者が先代の想いを引継ぎ、あるべき姿を目指すのに財務的に困らないようにしてあげなければならないということです。

　この基本的な方向性を確認した上で、決算書をお預かりするまで、その決算書の読み方、保険提案のイメージの仕方を順に見ていきたいと思います。

2 決算書をお預かりするまで

　決算書をお預かりするには、経営者にとって、決算書を預けてもいい相手だと認めてもらわなければなりません。そのためには財務力が必要であることは、繰り返し述べてきたところです。財務力は正しくトレーニングすることで必ず身に付きますし、決算書もポイントを押さえることで読めるようになりますが、最も大事なことは、経営者との人間関係や信頼関係が構築できるかということになりますので、安易に保険を売り込もうという考えではなく、まずは相手のことをよく知ろうという姿勢が大切です。その意味においても、訪問前の事前準備はしっかり行いましょう。

(1)訪問前の事前準備

経営者の興味・関心事あるいは悩みごと

経営者の興味・関心事・悩みごと 上位3つ	①業績 （売上高、利益） ②資金繰り （銀行融資） ③人に関する問題 （従業員、後継者）

この3つにフォーカスして事前準備を進めます。

事前準備とは、「①情報収集　⇒　②仮説構築　⇒　③質問の用意」であり、その目的は、面談の質を高めることです。

①情報収集

- 定量情報　：　「調査会社の調査概要書」、「TKC経営指標」、「小企業の経営指標」など。
- 定性情報　：　ホームページ、登記簿謄本、新聞、SNS、現場取材など。
- 業界情報　：　業種別審査事典、EDINETなど。

　※競合、販売先、仕入先についても同様に調べておく。

　※定量情報については、業種別の経営指標の平均値を押さえて対象企業と比較。

②仮説構築

- 業績（売上、利益）について
- 資金繰り（銀行融資）について
- 人に関する問題に（従業員、後継者）ついて

※あくまでも仮説。間違っていて構わない。

※業界対比、時系列対比でギャップを探す。競合との差別化要因や質問ポイントが見つかる。

※過去SWOTをやってみる。過去の外部環境はPESTEL分析で振り返る。

※7W3Hを使って整理する。

③質問の用意

- 立てた仮説の答え合わせをするイメージで質問項目を考える。
- 具体的で質の高い質問を意識する。（質の高い質問からは、質の高い情報が得られる。）
- 7W3Hを使って考える。

（2）訪問・面談時

アイス・ブレークでお互いの緊張をほぐし、相手が話しやすい態勢になるよう場を整えます。

必要に応じて、共感のスキル（ミラーリングなど）を使いながら相手の心を開いていきます。

用意した質問でリードしつつも、傾聴を心がけます。仮説の披露の場ではありません。

タイミングを見て的確な質問を投げかけ、質の高い情報を引き出します。

答えやすい質問や、経営者に考えさせる質問をバランスよく織り交ぜます。

7W3Hを使って整理しながら進めていきます。

フック・トーク（健康診断、経営者保証、資金繰り改善、未来経営など）を使って、決算書を預かります。

（3）その場で簡易診断

　決算書をお預かりできたら、基本的には次回のアポを取りますが、場合によってはその場で意見を求められることもあります。その時は、速読トレーニングの要領でポイントを絞って簡易診断を行います。

3 決算書を読み込み、保険提案の仮説を立てる

決算書を預かったら、次回の面談に備えて、しっかりと決算書を読み込みますが、やることは事前準備と同じで、仮説を立て質問を考えます。先の面談で得た情報と、決算書や勘定科目明細、場合によっては返済予定表、保険証券など、より詳細、具体的な財務資料が情報として追加されているのですから、仮説も深堀されブラッシュアップされていきます。次回の経営者との面談で仮説の検証をするイメージです。3つのトライアングルを使って、ポイントを絞りながら決算書を読み込んでいきましょう。

（1）キャッシュ・ラインの3勘定から、財務戦略を立案する

純資産、現預金、借入金に着目し、お金の動きとバランスをチェックし、財務戦略を考えます。

手元流動性、借入月商倍率、自己資本比率、流動比率、等々の各指標は算出し、時系列比較、業界平均比較を見た上で各指標間や科目間のバランスもチェックします。例えば、キャッシュ・ラインで挙げるならば、「手元流動性と借入月商倍率バランスは？」、「自己資本と借入金のバランスは？」、「繰越利益剰余金と現預金のバランスは？」といった具合です。各勘定科目のチェックポイントは以下の通りです。

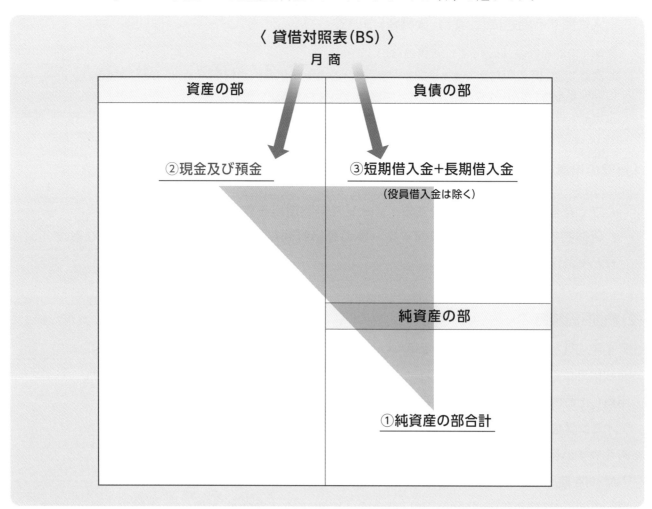

①純資産の部合計（繰越利益剰余金合計）

・キーワードは「安全性」

- 法人設立してからの会社の歴史が表れる。
- 個人事業主通算の業歴と年齢、何代目かなど、代表及び会社の沿革について仮説構築と質問による確認。
- 法人設立から直近までの平均税引後純利益を算出し、直近3年間の平均純利益との比較。
- 保険を含めた利益の繰り延べ状況を確認して実態把握
- 利益の積み増しは適正か?節税を好むのか嫌うのか?
- 積み上げた資金の使い道は?留保するタイプか積極投資か?

②現金及び預金

- キーワードは「流動性」
- 現金額の確認。　⇒　200万円以上は粉飾の懸念性あり。あれば減算。
- 預金は、勘定科目明細にて種類別・銀行別の内訳を確認(普通預金/当座預金/定期預金/定期積金)。
- 定期預金と定期積金については目的を確認(定期積金は毎月の掛金も)
- 融資を受けている金融機関に定期預金があるか　⇒　あれば融資金額合計から減算。(みなし担保)
- 上記修正による実態の手元流動性(現預金／月商)を計算
  (青信号:2か月以上、黄信号:1〜2か月、赤信号:1か月未満)
- 繰越利益剰余金対現預金比率を計算
  創業から順調に利益計上していれば60%を超える。
  60%未満でも継続して黒字計上している場合は、保険を含む利益繰延の状況をヒアリング。
  30%未満でも直近3年間の純利益が大幅黒字であれば事業継続の可能性は高い。逆に赤字であれば事業継続は厳しい。

③短期借入金+長期借入金(役員借入金は除く)

- 返済予定表も準備する。
- 融資の目的(資金使途)と内訳(銀行ごとの利用状況)を確認する。
- 融資を受けている銀行への定期預金は該当金額を運転資金から減算する。
  融資元金と相殺した場合の残余運転資金の元金返済については、残高を融資残存期間で割って再計算。
- 毎月の返済元金と融資利率を確認
- 借入月商倍率(運転資金のみ)を計算
  (青信号:2か月以内、黄信号:2〜3か月、赤信号:3か月以上)
- 保全状況(担保設定状況)も確認。
- フリーキャッシュフローとのバランスもチェック。

  ※銀行融資の提案イメージ
  ⇒自己資本比率:30%、債務償還年数:7年以内、インタレスト・カバレッジ・レシオ:3倍以上の会社は無担保融資に借換え提案。
  ⇒経常運転資金は短期継続融資の利用ができると毎月の返済負担が軽くなる。

（2）経営の本勘定から、経常運転資金を算出する

　資金繰りの状態を探るだけでなく、会社のビジネスモデルを掘り下げて確認することができます。売上計画、経費計画まで踏み込んでヒアリングするためのきっかけにもなります。当然に、PLや勘定科目明細、その他財務資料に立ち戻りながら、分析していくことになりますが、まずは、各勘定科目を月商で割って各々回転期間を算出し、同時に経常運転資金も算出しておきます。

　本章では、生命保険提案の可能性を探ることに主眼を置きますので詳しくは見ませんが、経営の本勘定3つを詳細にチェックすることで、売上債権からは取引先の状況や取引条件など、与信管理の課題が見えてきますので、取引信用保険や経営セーフティ共済の提案可能性が考えられます。あるいは、棚卸資産からは保有資産の課題が見えてきますので、火災保険などの提案可能性も探ることができます。いわゆる損害保険のカテゴリーで、生命保険に比べると顕在化しやすいので、生命保険提案の前にきっかけづくりとして活用することも念頭に入れてください。

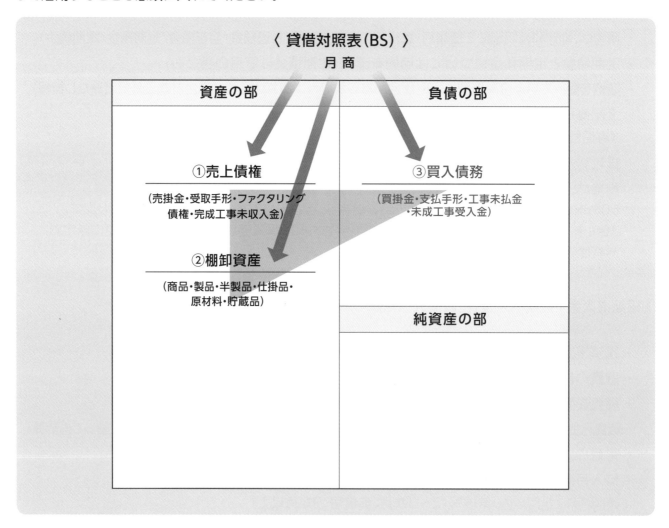

①そもそも経常運転資金とは

- ・経常運転資金　＝会社を廻すのに必要なお金　⇒お金が寝ている状態　⇒短期継続融資の利用を検討
- ・このお金は事業継続を前提としている会社であれば、生命保険の必要保障金額から減算。
- ・逆に、未来経営の話から数年以内に廃業やM&Aを考えている法人には加算。（融資元金が残るので）

②売上債権のチェックポイント

- 適正に仕訳されているか?
- ファクタリング債権も売掛金になる。建設業は仕訳が特別。完成工事未収入金も売掛金と同じ。
- 売上債権回転期間の業界平均値を確認

  平均値+1か月以上は、不良債権か架空売上が混在していると判断。生命保険を預かるには不適格。
  逆に、販売先が複数かつ業績良好な会社であれば、基盤がしっかりしている証になる。

③棚卸資産のチェックポイント

- 建設業の場合、メイン科目は未成工事支出金(仕掛品)。
- 商品は、既製品を仕入れていることになる。小売/卸売/飲食/美容/理容業など
- 棚卸資産回転期間の業界平均値を確認

  平均値+1か月以上は、不良債権か架空売上が混在していると判断。逆に、売れる商品仕入れや、
  確固とした技術力がある会社は過剰在庫がないので、基盤がしっかりしている証になる。

④買入債務のチェックポイント

- 同様に業界平均と比較。
- 基本的に支払サイトが長ければ資金繰りは安定するが、赤字傾向で未払いが生じている場合もあるし、逆に仕入割引を効かせるためにサイトを短くしているケースもあるので、営業利益は連続黒字か?売上債権回転期間は平均値以内か?手元流動性は2か月以上あるか?など複眼的に判断する。

⑤仮説構築におけるチェックポイント

- 業績(売上、利益)について
- 資金繰り(銀行融資)について
- 人に関する問題に(従業員、後継者)ついて

  ※あくまでも仮説。間違っていて構わない。
  ※業界対比、時系列対比でギャップを探す。競合との差別化要因や質問ポイントが見つかる。
  ※過去SWOTをやってみる。過去の外部環境はPESTEL分析で振り返る。
  ※7W3Hを使って整理する。

（3）財務戦術の3勘定から、生命保険提案の仮説を立てる

　キャッシュ・ラインからお金のバランス面を確認し、財務戦略を立て、経営の本勘定をチェックすることで、本業におけるビジネスモデル面を確認し、対象企業の現状および将来予想における仮説を構築したら、戦術面で課題解決のお役に立てる生命保険提案の可能性を探ります。経営者に万一があった場合に、安定した事業継続と円滑な承継に必要不可欠な資金の事前準備という視点で探ります。その際、経営者の悩み・関心事である、「業績（売上、利益）」、「資金繰り（銀行融資）」、「人に関する問題（従業員、後継者）」のチェック・ポイントを必ず押さえてください。

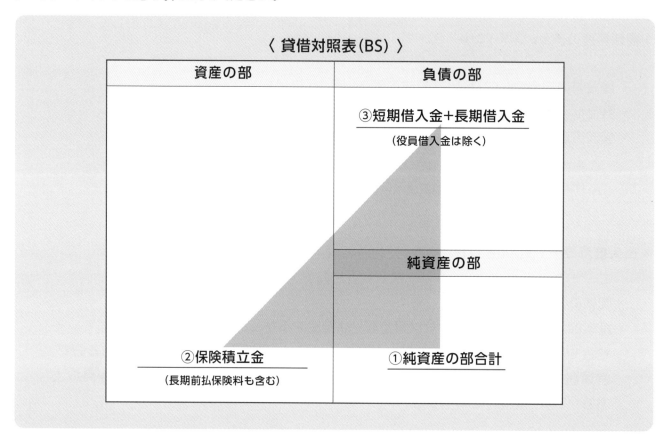

①純資産の部から保険提案をイメージする

- 事業承継時の金庫株（自社株買い）対策のための資金準備
  ⇒終身保険、長期定期保険などをイメージ。
- 株価引き下げを提案
  ⇒役員退職金（逓増定期保険など）、従業員退職金（養老保険・ハーフタックスなど）をイメージ。

②保険積立金から保険提案をイメージする

- 簿価とCV（解約返戻金）のギャップを確認
- 損益状況と資金繰り状況から、保険積立金の払済/解約/減額を提案
- 事業保障のための掛捨てや就労不能系保険の提案

③借入金から保険提案をイメージする

- 借入金から必要保障金額をコミット。無駄な運転資金の精査。
- 連帯保証、個人資産担保の状況を確認。
- 運転資金なら10年定期、設備資金なら収入保障系をイメージ。

　以上、財務戦略の3勘定からイメージできる、生命保険提案の可能性を列挙しましたが、併せて現預金も確認しておくことを忘れないでください。今後、継続して保険料を支払えるのかどうかの確認ができるからです。

　さらには、定期預金や保険積立金の活用による債務圧縮で資金繰りを改善し、事業保障のための生命保険提案につなげたり、無目的の定期積金がある場合は、低CV型の終身保険に置き換える提案も考えられます。

(4) 借入金対策について

　基本方針でも確認したように、「財務をベースに、万一の保障の提案」を軸に考えた場合、保険提案の可能性として「借入金対策」は最も基本的かつ重要です。ところが、事業保障の必要保障額の話をしても経営者に響かないことが往々にしてあります。なぜ、社長はピンと来ないのでしょうか？それは、ちゃんとヒアリングができていないからです。要するに掘り下げ方が足りないのです。必要保障額の計算式の一例として、「借入金額×1.5＋運転資金の何か月分」などがありますが、いきなり教科書通りの話をしても経営者にはなかなか理解してもらえません。確かに借入金対策は重要ですが、色々と考えなければならないことがあります。

借入金対策

で確認して
おくことの例

- 後継者は親族か？親族外承継か？
  前者なら借入金の引継ぎはあり得るのか？後者なら借入金は間違いなく清算。
- 社長からの借入金はどう考えるか？
  資本に振り替えるか？相続財産になるので清算するか？
- 社長個人名義の不動産担保の借入金はあるのか？
- 団体信用生命保険の加入の有無。加入していれば必要保障額から控除できる。
- 連帯保証債務の有無。ガイドラインは理解しているか？
- そもそも借入金の元金返済が経費にならないことを理解しているか？

などを、しっかりとFFすることが大切です。

(5) 決算書クリーニングで実態を探る

　決算書はしばしば嘘つきです。銀行員の目線で実態を見抜く読み方も時には必要です。表面上の数字をもとに必要保障額を算出しても意味がなくなるので注意します。決算書の簿価ではなく、時価修正や、不良債権・不良在庫、架空債権・架空在庫の可能性を控除した実態BSに引き直す必要があるのです。決算書をクリーニングするイメージです。その際、事業継続を前提とするのであれば、継続BSで、事業清算を前提とするのであれば、清算BSで実態を探ります。決算書クリーニングの結果、実質債務超過になるようであれば、超過分は必要保障額に加算します。

4 未来経営から、必要保障額をイメージする

　ここまで、保険パーソンとしての決算書の読み方を振り返りましたが、決算書の数字はあくまでも過去の、表面上のものであって、そこから導かれる仮説は検証しなければなりません。経営者と一緒に未来のあるべき姿を考え、経営計画を作成するお手伝いをしてください。予想のPL、予想のBS、つまり未来の決算書を一緒に作るのです。未来をイメージするからこそ、守るべきものが明確になり、潜在化していた保障ニーズが顕在化するのです。

　経営者と一緒に未来を計画するためには、FFが極めて重要になりますが、もともとヒアリング能力に長けた保険パーソンにとっては、財務力さえ身に付いていれば個人保険におけるFFと同じことだと言えるでしょう。

> 「10年後の純資産はどうなっていたいですか?」
> 「その時の売上は?借入金は?従業員の数は?」
> 「新商品の開発はどうされますか?そのための設備投資は?」
> 「目標として、自己資本比率は何%に設定しますか?総資本経常利益率は?」
> 「そもそも、社長はいつ、ご勇退の予定でしょうか?」
> 「どんな条件が揃えば勇退できるのでしょうか?」
> 「後継者の教育はどうされますか?後継者に何を求め、何を遺してあげたいですか?」
> 「勇退された後は、どのような人生を送りたいですか?」
> ‥‥

　こうして、経営者と一緒に未来をイメージしていく過程で、社長の万一があった場合の財務インパクトの話をするのです。

> 「社長に万一が起きたり、ガンに罹患して長期間働けなくなったら、売上はどうなりますか?」
> 「その時、経費の支払いや借入金の元金返済はどうなりますか?」

「従業員はどう動くでしょうか?」

「取引先、仕入先との付き合いはどうなりますか?」

「後継者はすぐに経営者として会社を引き継げるでしょうか?」

「何より、ご家族の生活は?」

・・・

　このように、財務インパクトは定量面と情緒面からイメージします。プラスのイメージとマイナスのイメージの振れ幅、そして、「勘定と感情」の両面に訴求することが潜在ニーズを顕在化することに繋がるのです。

　未来をイメージするのに、過去の振り返りが不要なわけではありません。むしろ逆です。過去の分析、掘り下げが深ければ深いほど、その反作用で未来のイメージは高く明確に見えてきます。こうして経営者と一緒に作り上げた未来の決算書から逆算して、必要保障額はイメージすることになります。

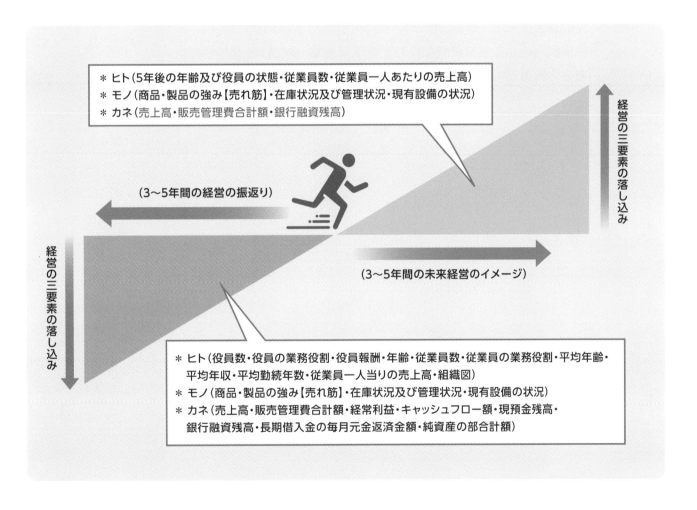

①未来経営から必要保障額をイメージする際のチェックポイント

　・総資本回転率をイメージする。売上高(身長)／総資産(体重)。

　・未来経営(5年先や10年先)の着地点を確認。

- 目標売上高を確認。(予想PL)
- 目標売上高倍率を販管費に掛ける。その際に減価償却費は控除。(予想PL)
- 同様に倍率を、現預金、借入金(短・長)合計、純資産合計に掛ける。(予想BS)
- 借入金(短・長)は、運転資金と設備資金の内訳を確認。
- 財務インパクトのシミュレーション

②必要保障額計算イメージ

- 1で予想PL、予想BSがイメージできたら、その数字を基にして必要保障額を計算する。

  { 短期及び長期借入金(運転資金＋設備資金30%)−経常運転資金 } ×1.43倍(※)
  　＋販売管理費(減価償却費を除外)の6か月分

  ※経営者不在時の影響を考え、運転資金は必要保障額に算入。
  ※設備資金は30%(価値毀損イメージ割合)を必要保障額に算入。
  ※税率30%として事業承継に絡む生命保険提案(主に役員退職金)は、
  　未来の純資産合計から逆算してCVやPを決める。